中等职业教育规划教材
ZHONGDENG ZHIYE JIAOYU GUIHUA JIAOCAI

江彩 路小静 徐红梅 ◎ 主编
汪秀萍 白海燕 黄艳芳 刘银娣 安万林 ◎ 副主编

礼仪规范教程

第2版

人民邮电出版社
北京

图书在版编目（CIP）数据

礼仪规范教程 / 江彩，路小静，徐红梅主编. -- 2版. -- 北京 : 人民邮电出版社，2013.3（2020.1重印）
中等职业教育规划教材
ISBN 978-7-115-30893-1

Ⅰ. ①礼… Ⅱ. ①江… ②路… ③徐… Ⅲ. ①礼仪－中等专业学校－教材 Ⅳ. ①K891.26

中国版本图书馆CIP数据核字(2013)第025059号

内 容 提 要

礼仪是社会规范和道德规范的组成部分，是人际交往中不可缺少的润滑剂和联系纽带。本书充分综合了现代礼貌礼仪涉及的各个方面,内容包括概述篇、个人礼仪篇、社交礼仪篇、职场礼仪篇、社会生活礼仪篇和涉外礼仪篇。本书内容精练，突出实用性、操作性与通俗性，并力求与国际惯例接轨。

本书可作为中等职业学校公共课教材，也可作为中等职业学校学生的自学读本。

中等职业教育规划教材

礼仪规范教程（第2版）

◆ 主　　编　江　彩　路小静　徐红梅
　副 主 编　汪秀萍　白海燕　黄艳芳　刘银娣　安万林
　责任编辑　刘盛平

◆ 人民邮电出版社出版发行　　北京市丰台区成寿寺路11号
　邮编　100164　　电子邮件　315@ptpress.com.cn
　网址　http://www.ptpress.com.cn
　北京隆昌伟业印刷有限公司印刷

◆ 开本：787×1092　1/16
　印张：9.5　　2013年3月第2版
　字数：215千字　　2020年1月北京第13次印刷

ISBN 978-7-115-30893-1

定价：23.00元

读者服务热线：(010) 81055256　印装质量热线：(010) 81055316

反盗版热线：(010) 81055315

广告经营许可证：京东工商广登字20170147号

本书编委会成员

主　编：江　彩　路小静　徐红梅

副主编：汪秀萍　白海燕　黄艳芳　刘银娣　安万林

编　委：邹春芳　赵　莉　高莺娜　杨　明

陈一锐　王　师　李佳钰　李雪莲

汤林芯

第 2 版前言

中国素有“文明古国”、“礼仪之邦”的美称。早在春秋战国时期，孔子就有了“不学礼，无以用”的学说。其后荀子又有了“人无礼则不生，事无礼则不成，国无礼则不宁”的明训。以礼相待，礼尚往来是中华民族的传统美德。崇尚礼仪、学习礼仪、实践礼仪是我们每一个人立足社会、成就事业、获得美好人生的基础。

所谓礼仪，在广义上是指一个时代的规章制度，在狭义上是指调整人们社会交往行为的准则或规范的总和。礼仪是社会人际关系中用以沟通思想、交流感悟、表达心意、促进了解的一种形式，是人际交往中不可缺少的润滑剂和联系纽带。现实生活告诉我们，要想融入现代社会，正确面对和处理错综复杂的社会关系和人际关系，必须学习和掌握必要的礼仪知识。礼仪是人类文化的重要组成部分，它反映了人类社会的进步和文明。小到一个人，大到一个国家，其素质与形象往往都能通过礼仪来体现。作为中等职业学校的学生，除了学习文化课、专业课外，还应较为系统地学习礼仪知识，在社会公众面前显示出职业特点，使自己具有良好的气质、风度和应对进退的礼仪行为。

本书体例及具体栏目设计如下。

★ **开篇寄语**：用生动的语言概述本篇的主要内容，提高学生学习兴趣。
★ **应知导航**：列出当今学生平时谈论、关心的有关礼仪的问题。
★ **知识探究**：针对“应知导航”，阐述讲解相关内容。
★ **知识拓展**：对本篇知识的补充与拓展，使学生获得更多的相关知识。
★ **学以致用**：每学完一篇，就让学生行动起来去实践，达到学以致用的目的。

本书由江彩、路小静、徐红梅任主编，汪秀萍、白海燕、黄艳芳、刘银娣、安万林任副主编，参加编写的还有邹春芳、赵莉、高莺娜、杨明、陈一锐、王师、李佳钰、李雪莲和汤林芯。

本书在编写过程中，参考了国内外有关专家、学者在礼仪规范方面的研究成果，并引用了相关资料，同时也从因特网上获取了一些资料，谨此说明，并向提供帮助的有关专家学者致以深深的谢意！

由于编者的水平有限，书中难免存在缺点和错误，恳请广大读者批评指正。

编　者
2013 年 1 月

目录

开篇寄语

我国是一个文明古国，礼仪文化源远流长，素有“礼仪之邦”的美称。早在两千多年以前，先人们就对礼仪的作用做过许多重要的论述。孔子认为礼是治国安邦的基础，“不学礼，无以立”（《史记·孔子世家》），“能以礼让为国乎，何有？不能以礼让为国，如礼何？（论语·里仁》）”荀子把礼与法相提并论，“礼仪者，治之始也”（《荀子·王制》）“礼仪制而制法度”（荀子·性恶》）。管子则把礼仪视为立国的精神之本，曾经指出：“礼义廉耻，国之四维，四维不张，国乃灭亡”（《管子》）。这些精辟的论述把礼仪的重要作用揭示得淋漓尽致。

概述篇

——以礼相待

第一课 礼仪概述

凡人之所以为人者，礼义也。

——《礼记》

应知导航

（1）试分析礼貌与礼仪、礼节的异同点。

（2）各个时代、各个民族的礼仪是否一致？

（3）学生掌握礼仪、礼节的重要意义何在？

知识探究

礼仪作为人类交际的表现形式之一，同其他诸如文字、绘画等文明表现形式一样，是人类不断摆脱愚昧、野蛮，逐渐走向文明、开化的标志和见证，因此，了解礼仪的含义和特征有助于我们对人类文明的发展有一个更清晰的认识。

一、礼仪的含义

礼仪属于道德范畴，是礼节和仪式的总称。礼是表示敬意的通称，它是指人们在与他人交往过程中，外在表现的行为规则和形式的总和。这种行为规则和形式是在长期的社会生活中，在风俗习惯基础上形成的人们共同遵守的品行、程序、方式以及体现的风度等。换句话说，礼仪是指一个国家、一个民族、一个部门、一个行业、一个团体、一个家庭乃至一个人，在其内部和在其与外界进行各种交往活动时，必须遵循的道德行为规范和准则。礼仪的本质就是通过一些规范化的行为以表示人际间的相互敬重、友善和体谅。

在日常生活中，人们常常使用礼貌、礼节、礼仪三个词。例如，做家长的经常教育子女要有礼貌，要注意礼节，要懂得礼仪。显然，这是三个同义词。但仔细琢磨品味一下，礼貌、礼节、礼仪是既紧密相关而又不尽相同的三个概念。

简单地说，礼貌是人们言语动作谦虚恭敬的表现；礼节是人们表示尊敬、祝颂、哀悼之类的各种惯用形式；礼仪则是体现礼节的仪式。虽然三者都与“礼”分不开，但是，礼貌多指个人的言语行为，而礼节、礼仪更多的是社会习俗的反映。人们可以说“懂礼貌”

"懂礼节""懂礼仪"，也可以说"知道礼貌""知道礼节""知道礼仪"，还可以说"注意礼貌""注意礼节""注意礼仪"；但是，人们经常说"有礼貌"或"没有礼貌"，而很少说"有礼节"或"没有礼节"，"有礼仪"或"没有礼仪"；只能说"举行礼仪"，而不能说"举行礼貌"或"举行礼节"。由此可见，礼貌、礼节、礼仪既有共性，也有差异。

战国时期的思想家、政治家和教育家孟子，是继孔子之后儒家学派的主要代表人物，被后世尊奉为仅次于孔子的"亚圣"。

孟子一生的成就，与他的母亲从小对他的教育密不可分。孟母是一位集慈爱、严格、智慧于一身的伟大的母亲，早在孟子幼年时候，便为后人留下了"孟母三迁""孟母断织"等富有深刻教育意义的故事。孟子成年娶妻后，孟母仍不断利用处理家庭生活的琐事去启发、教育他，帮助他从各个方面进一步完善人格。

有一次，孟子的妻子在房间里休息，因为是独自一人，便无所顾忌地将两腿叉开坐着。这时，孟子推门进来，一看见妻子这样坐着，非常生气。原来，古人称这种双腿向前叉开坐为箕踞，箕踞向人是非常不礼貌的。孟子一声不吭就走出去，看到孟母，便说："我要把妻子休回娘家去。"孟母问他："这是为什么？"孟子说："她既不懂礼貌，又没有仪态。"孟母又问："你因为什么而认为她没礼貌呢？""她双腿叉开坐着，箕踞向人，"孟子回道，"所以要休她。""那你又是如何知道的呢？"孟母问。孟子便把刚才的一幕说给孟母听，孟母听完后说："那么没礼貌的人应该是你，而不是你妻子。难道你忘了《礼记》上是怎么教人的？进屋前，要先问一下里面是谁；上厅堂时，要高声说话；为避免看见别人的隐私，进房后，眼睛应向下看。你想想，卧室是休息的地方，你不出声、不低头就闯了进去，已经先失了礼，怎么能责备别人没礼貌呢？没礼貌的人是你自己呀！"

一席话说得孟子心服口服，便再也没提什么休妻子回娘家的话了。

二、礼仪的特征

礼仪作为道德范畴，具有道德的一般特点，但作为道德的一个特殊方面，又具有其自身的特点。

1. 共同性

礼仪是全人类共同需要的，它早已跨越国家和民族的界限，不分国别、性别、年龄、阶层，只要人类存在着交往活动，人们就需要通过礼仪来表达彼此的情感和尊重。尽管不同的国家、不同的民族对于礼仪内容的理解不同、重视的程度不同、反映的情况也不同，但对礼仪的需要却是共同的。

2. 时代性

礼仪既然是一种约束人们行为的规范，就不可避免地带有浓重的时代色彩。由于一个时代的社会风貌、政治背景、文化习俗等都会对礼仪的形成或流行产生影响。因此，礼仪也不是一成不变的。随着社会的进步、时代的发展，礼仪也随之变化，并在实践中不断完善，赋予其新的内容。

辛亥革命的爆发，猛烈地撞击了封建社会的上层建筑及其意识形态，也影响到了人们日常生活的方方面面，于是就造就了一代新风尚。据 1912 年 3 月 5 日时报记载："清朝灭，总统成，皇帝灭……新礼服兴，翎顶补服灭，剪发兴，辫子灭，爱国帽兴，瓜皮帽灭，放足鞋兴，菱鞋灭，鞠躬礼兴，跪拜礼灭，卡片兴，大名刺灭……"

3. 差异性（地域性、民族性）

礼仪的实质是人类历史发展过程中逐步形成并沉淀下来的一种文化。由于民族信仰、习俗、地理环境和交通条件等因素的影响，不同国家、不同地区和不同民族有着不同的发展历史，各个国家、地区和民族又都有自己的一些区别于其他国家、地区和民族的表达礼仪特定含义的方式。因此，礼仪因区域、民族的不同而表现出形式上的差异性。

有一次，一位到泰国旅游的外国人，见到当地一个可爱的小孩子便情不自禁地伸出手来，在孩子的头上亲抚了两下，结果弄得小孩子一脸怒气，周围的人也大惊失色。原来泰国人认为头是神圣不可侵犯的，被人触摸头部是一种极大的侮辱。

4. 公德约束性

公德即社会公共道德，它是在一定社会范围内长期以来逐渐形成的一种被大多数社会成员认可并施行的思想和行为规范，是在一定文化历史背景下形成的具有固定特点的调整人际关系的社会因素，是人们评价善、恶、丑的习惯性标准，具有约定俗成的本质属性。礼仪与公共道德不相违背的特征被称为礼仪的公德约束性。礼仪虽然不具有法一般的强制力，但通过家族、邻里、亲朋的舆论监督，往往迫使人们遵守它，使它在人们生活中具有一种无形的力量。尽管不同时代、不同国家、不同民族的礼仪内容不尽相同，但是守纪律、讲卫生、待人有礼、尊老爱幼等却是整个人类社会需要共同遵守的规矩，是成为一个文明人的起码准则。

5. 延续性

社会不断发展，历史不断前进，礼仪作为人类生产生活的一个重要组成部分不可能是一成不变的。但是礼仪习惯和礼仪制度的变化不是剧烈的、飞跃式的，而是在大量延续、继承的前提下的一种缓慢更迭。因为礼仪是缓慢形成的，要经过一个较长的衍变过程，从而在人们的心灵深处形成强烈的认同感。一种礼仪一旦形成以后，便会有一个相对的延伸期。

6. 通俗性

礼仪是由风俗习惯形成的，大多没有明文规定，但又被社会生活中的每一个成员所遵循。礼仪简单明了，不需要高深的理论，人人都可以通过耳闻目睹来把握。当然，随着国际交往、人际交往的发展，各种礼仪也正在不断地被理论工作者加以总结、提高并趋于系统化和规范化。

三、礼仪的分类

1. 礼仪的种类

(1) 按不同的行业分

礼仪按不同的行业划分，可以分为学校礼仪、公关礼仪、公务礼仪、商业礼仪、服务礼仪、体育礼仪、军队礼仪、外交礼仪和宗教礼仪等。

(2) 按交往的程度和过程分

礼仪按交往的程度和过程来划分，可以分为：欢迎礼仪、交谈礼仪、宴请礼仪和送客礼仪等。

(3) 按礼仪行为的主体分

礼仪从其行为的主体来划分，可以分为：个体礼仪、家庭礼仪和团体礼仪等。

2. 中国古代的礼仪分类

礼的内涵的总结工作出现在战国初期。春秋以后，社会发生重大变动，古礼逐渐被废弃，儒家开始对各类礼节加以整理。据《周礼·大宗伯》记载，当时将礼编为五大类：吉礼、凶礼、军礼、宾礼和嘉礼，统称为“五礼”。

(1) 吉礼

“以吉礼事邦国之鬼神祇”，即祭祀之礼，祈神赐福，求吉祥如意。其内容有：祀昊天上帝、日月星辰、风云雷雨；祭社稷、山川林泽、四方百物；四季祭享宗庙鬼神，表达人们对天地鬼神、山川万物、先王祖先的虔诚敬意。

(2) 凶礼

“以凶礼哀邦国之忧”，即对他人遭遇不幸的慰问、吊唁、抚恤之礼。其内容有：以丧礼哀死亡，以荒礼哀凶礼（荒病灾），以吊礼哀灾祸，以恤礼哀寇乱等。这些凶礼实际上体现了济困扶危、雪中送炭的人道精神，既是礼仪的要求，更有政治意义。

(3) 宾礼

“以宾礼亲邦国”，即接待宾客之礼。这里的邦国是指周朝时期的诸侯国，其“宾礼”就是规范天子与诸侯以及诸侯之间交往的礼节。其拜见形式有“朝、宗、觐、遇、会、同、问、规”等，这些礼仪实际上就是当时的外交礼仪。

(4) 军礼

“以军礼同邦国”，军队的操演、检阅和征伐之礼，以威慑各邦国，并使之服从规矩。

(5) 嘉礼

“以嘉礼亲万民”，即与百姓日常生活、人际交往息息相关的礼节。主要内容就是招待亲朋宾客的宴席饮食之礼、生冠婚寿等人生之礼、邦国交际的贺庆之礼等。这些礼仪对于沟通上下、尊老敬贤、联络邦国、和平共处具有难以估量的积极作用，对于现代人的公关社交亦有借鉴意义。

3. 常见现代礼仪

(1) 人生礼仪

人生礼仪是指人从出生到老死，贯穿人的一生尤其是人生几个重要阶段的礼仪。主要有：出生礼、成人礼、婚礼、丧礼，以及每年一次的庆贺生日（寿）礼等。

(2) 个人礼仪

人是礼仪行为的主体，个人礼仪包括个人仪表仪容仪态的恰当体现，言谈举止的得体表达以及一般礼节的正确运用等。个人礼仪是个人文化素质品德教养、待人处事态度的综合反映。

(3) 家庭礼仪

家庭是人类社会生活的基本单位，家庭关系是人类社会中最普遍的关系，也是维系时间最长久的关系之一。家庭礼仪即家庭内部和家庭之间的有关礼仪，包括家庭成员、亲戚、家庭成员之间的称谓，相互问候、庆贺、拜访、待客和家庭应酬等方面的礼仪。这类礼仪较典型地反映了民族传统和地方习俗以及家庭教养、家风和家规。

(4) 社交礼仪

社交礼仪指社会成员之间交往时的规范与准则，包括致意、问候、介绍、交谈、拜访、接待、宴会、舞会、聚会和馈赠等社会活动的礼仪。正确运用社交礼仪，有利于扩大人们的社会交往，有助于事业成功、身心健康，有益于净化社会风气。

(5) 公共礼仪

公共礼仪是指人们在社会活动尤其在公共场所中所遵循的语言和行为规范，包括与活动内容及场所相适应的仪表仪容、言谈举止和饮食、居住、旅行、观光、娱乐、通信等活动以及在旅途、商店、宾馆、剧院、学校、军营和体育馆等公共场所的礼仪。一个人在公共场所能否做到“慎独”，以及在公共礼仪方面的表现在很大程度上反映他（她）的人格与教养。

(6) 公务礼仪

公务礼仪是人们在公务活动过程中所应遵循的礼仪规范。它存在着自身的特殊性。在礼仪的一般原则指导下把握公务活动过程中特殊的礼仪规范，可以提高公务活动的效率和成功率。公务礼仪通常包括工作礼仪，如办公室礼仪、会议礼仪、公文礼仪、公务迎送礼仪等。

(7) 职业礼仪

职业礼仪是指从事一定职业的人在职业活动中所应遵循的行为规范、准则以及某种行为树立自身良好形象而推行的具有本行业特殊的规范动作及仪式，也是其职业道德的具体表现。职业礼仪项目非常多，如商业礼仪、教师礼仪、医生礼仪、演员礼仪、公务员礼仪、军队礼仪等。职业礼仪在维持社会秩序、净化社会风气、促进社会进步方面具有无可替代的作用。

(8) 商务礼仪

商务礼仪与一般的人际交往的礼仪不同，它体现在商务活动的各个环节之中。对于商业企业来说，从商品采购到销售、再到售后服务，每一个环节都与本企业的形象息息相关，因此，商业企业及其每一个成员，如果能够时时按照商务礼仪的要求去开展工作，对商业企业塑造良好的形象、促进商品销售将起到重要作用。商务礼仪主要包括柜台接待礼仪、商业洽谈礼仪、推销礼仪和商业仪式礼仪等。

(9) 政府礼仪

政府礼仪之国家政府为维护自身尊严，协调各方面关系而推行的礼仪，如升国旗仪式、节日及重大事件庆典、纪念大会、重要领导人的追悼大会以及对灾荒事故等的救济、慰问和抚恤等。政府礼仪的推行还关系到国家的权威声誉，而且体现了政府的施政水平，关系到民心的向背，影响极大。

(10) 外事礼仪

外事礼仪是涉外交往中的有关礼仪。主要有外交部礼宾司安排的外交活动礼节，包括领导人互访、外交使节的互派、接待外宾的一切活动，外交庆贺、馈赠、援助、慰问、凭吊等礼仪；还有团体、企业的对外交往，如商业谈判、学术交流等活动的礼节。外事礼仪体现国家声誉、民族文明，关系国格人格，切不可掉以轻心。

(11) 习俗礼仪

习俗礼仪亦称民族礼仪，是指与各民族传统风俗习惯有关的礼仪，包括节日庆贺、婚丧嫁娶、祭祖扫墓、敬神娱乐、迎来送往等方面的礼仪以及各种生活禁忌等。习俗礼仪是一个民族、一个地域历史传统的重要内容，它深深扎根于民族文化土壤中，具有民族性、区域性和群众性。显然，习俗礼仪中既有积极健康有利于团结协作的内容，也有消极愚昧的内容，应扬善避恶，积极引导。

(12) 宗教礼仪

宗教礼仪是指各种宗教特有的规范准则，主要有佛教礼仪、道教礼仪、伊斯兰教礼仪和基督教礼仪等。这是宗教文化的特有现象，应予以尊重，不能混同于封建迷信，但也需要积极引导。

四、礼仪的功能

礼仪是人类社会文明发展的产物，是人们社会交际活动的共同准则。加强礼仪教育，对于提高自身的修养和素质、促进社会主义精神文明建设、塑造良好形象、扩大社会交往、促进事业成功都具有十分重要的作用。礼仪具有多方面的功能，主要表现在如下几个方面。

1. 弘扬礼仪传统

文明古老的中华民族，以其聪颖的才智和勤奋的力量，创造了人类历史上最灿烂的文化。中华民族素以“礼仪之邦”著称于世。几千年来，各族人民都创造了一整套独具特色的礼节、仪式、风尚、习俗、节令、规章和典制等，并为广大人民所喜爱和沿袭，这些礼仪习俗，反映了我国民族的传统美德与优良品质，勾画出了我国民族的历史风貌。

我国古代思想家、教育家们十分重视“礼”的教育。“礼”的内容比较全面地规定为处理与调整当时社会各种关系的准则和规范。春秋末期的孔子就曾指出：“不学礼、无以立”。孔子小时常进行礼的练习，后来还专程赴周向老子请教礼。他对于“礼”的研究下过不少工夫，认为周礼吸收夏、商两代的经验，并有所发展，是比较完备的，所以他说“吾从周”。孔子选取了士必须学习的礼制十七篇，编辑成《礼》，也就是流传至今的《仪礼》。孔子非常重视对学生在日常行为方面的教育，他要求学生衣冠整齐，走有走的样子，坐有坐的姿势，为人处世要彬彬有礼，温文尔雅。《史记·孔子世家》中就说：“孔子以诗、书、礼、乐教弟子，盖三千焉，身通六艺者，七十有二人”。其中“六艺”指的是以“礼”为首的礼、乐、射、御、书、数。

《仪礼》《周礼》《礼记》合称为“三礼”。“三礼”是我国早期最重要的礼仪论著。

《礼记·曲礼》第一句便是“毋不教”。文中还记载着对父母“出告反面”，意思是出门告诉父母一声，回家要和父母打个照面问候一下。对老师应该是“遭先生于道，趋而进”，“从于先生不越路”。书中有关礼仪的内容是十分广泛具体的。

《三字经》是我国流传时间最长、范围最广、影响最大的一本启蒙教材，相传为南宋学者王麟所著，它被人们誉为“古今奇书”和“袖里通鉴纲目”。《三字经》已经被翻译成英、法、俄等多种文字在国外流传，还被联合国教科文组织选作儿童道德教育丛书。书中写到：“为人子，方少时，亲师友，习礼仪。”意思是，做儿女的，正当年少时，就要拜师访友，学习礼仪。清代李毓秀撰辑了一本《弟子规》，书中详细规定了学生在言谈举止方面的礼仪规范，其中有尊敬长者方面的要求：“或饮食，或走坐，长者先，幼者后。”有仪表方面的要求：“冠必正，钮必结，袜必履，俱紧切。”有仪态方面的要求：“步从容，立端正，揖深圆，拜恭敬。”有禁酒的要求：“年方少，勿饮酒，饮酒醉，最为丑。”有语言方面的要求：“刻薄语，秽污词，市井气，切戒之。”此书在礼仪教育方面的内容十分丰富具体。

在我国的历史上还流传着许多讲究礼仪的佳话。如“廉蔺交欢”（讲究礼让）、“张良纳履”（尊老敬贤）、“程门立雪”（尊敬老师）、“管鲍之交”（交友之道）、“三顾茅庐”（待人以诚），这些故事妇孺皆知，对现代人仍有很大的教育意义。

2. 提高自身修养

在人际交往中，礼仪往往是衡量一个人文明程度的准绳。它不仅反映出了一个人的交际技巧与应变能力，而且还反映出一个人的气质风度、阅历见识、道德情操和精神风貌。因此，在这个意义上，完全可以说礼仪即教养，有道理才能高尚，有教养才能文明。也就是说，通过一个人对礼仪运用的程度，可以察知其教养的高低、文明的程度和道德的水准。

3. 完善个人形象

个人形象，是一个人仪容、表情、举止、服饰、谈吐和教养的集合，而礼仪在上述诸方面都有自己详尽的规范。因此，学习礼仪，运用礼仪，无疑将有益于人们更好地、更规范地设计个人形象，维护个人形象；更好、更充分地展示个人的良好教养与优雅的风度。

4. 改善人际关系

马克思说过：“社会是人们交往作用的产物”。没有社交活动，人类的生活是不可想象的。人们参加社交活动，多为调节紧张的生活，建立友谊、交流情感、融洽关系、广结良友、获取信息、增长见识。现代化的社会对人们的社交提出了新的要求，社会越发展，物质生活越丰富，人们社交的需要就会越显示出它的价值，而处在社交活动中的每个人的仪表、仪态以及对礼仪知识的了解也变得极其重要。一个人只要同其他人打交道，就不能不讲礼仪。运用礼仪，除了可以使个人在交际活动中充满自信、胸有成竹、处变不惊之外，还能够帮助人们规范彼此的交际活动，更好地向交往对象表达自己的尊重、敬佩、友好与善意，以增进彼此的了解和信任。

5. 塑造组织形象

礼仪是通过组织员工的仪容仪表、言谈举止、礼貌礼节、仪式及活动过程表现出来的，它是塑造组织形象的基础工程。组织在各种礼仪的规范下可以激发员工的组织自豪感，并增强组织的凝聚力与向心力。

6. 建设精神文明

世界各国和各民族都十分重视交往时的礼节礼貌，并将它视为一个国家和民族文明程度的重要标志。正如古人所说："礼义廉耻，国之四维。"礼仪是立国的精神要素之本。在社会主义精神文明建设中，讲究礼节礼仪，注重礼貌是最基本的要求，它对精神文明的建设起着基础性的作用。

随着我国改革开放的深入和社会主义市场经济体制的确立，我国经济发展要和国际接轨，这些都对我国精神文明建设提出了更高的要求。只有提高中华民族整体的文明礼貌素质，才能营造一个和谐的社会环境和人际关系，吸引更多的外资和促进国际间的贸易往来，从而推动我国经济建设的发展。

【知识拓展】

案 例

一天，林肯总统与一位南方的绅士乘坐马车外出，途遇一老年黑人深深地向他鞠躬，林肯点头微笑并摘帽还礼。同行的绅士问道："为什么你要向黑人摘帽?"

林肯回答说："因为我不愿意在礼貌上不如任何人。"可见林肯深受美国人民的热爱是有其原因的。

1982 年美国举行民意测验，要求人们在美国历届的 40 位总统中挑选一位"最佳总统"时，名列前茅的就是林肯。

案例分析：这个案例给了我们很多启示。

启示一：虽然不同的民族对于礼仪内容的理解不同，但是礼仪是全人类共同需要的，不分国别、民族、种族、性别、年龄和阶层。

启示二：礼仪具有公德约束性，所以当一老年黑人向林肯鞠躬时，林肯也微笑并摘帽还礼。

启示三：礼仪具有延续性，虽然林肯逝世多年，但是他所遵守的礼仪规范直至今日仍然需要人们遵循，所以林肯能在 1982 年举行的"最佳总统"的民意测验中名列前茅。

【学以致用】

（1）搜集一两则中国古代有关文明礼貌的佳话，并向周围的人宣讲。

（2）向大家介绍一段你周围的人继承中华民族礼节、礼仪传统美德的故事。

（3）现代礼仪和古代礼仪的区别和联系有哪些?

（4）礼仪有哪些基本特征?

第二课 礼仪的起源与发展

礼尚往来。往而不来，非礼也；来而不往，亦非礼也。

——《礼记·曲礼上》

应知导航

（1）礼仪起源于什么？

（2）礼俗和礼制有哪些区别和联系？

（3）如何培养礼仪修养？

知识探究

礼仪作为人类社会生活的行为规范，是与人类社会同时产生并同步发展的。每个社会阶段都会形成与之相适应的礼仪。每个礼仪形式，都有一个从无到有、从低级到高级、从局部到整体的演变过程。了解礼仪的起源和发展，有助于我们更好地继承先辈创造的文明成果。

一、礼仪的起源

关于礼仪起源的说法有很多。

有些思想家和哲学家认为礼仪起源于原始信仰，而人类最初的信仰大多以图腾为对象。一种图腾，通常代表一个部落或部族，它既是血缘古今相系的象征，也是维护部落整齐有序、团结和谐的神祇，而这种图腾往往是由于人们的内心对现实世界的不理解，而产生的恐惧或崇拜的具体反映。在古时候，由于生产力水平低下，人们无法理解日月星辰的交替、风雨雷电的肆虐等自然现象，在当时的人们看来，那是一种超自然的力量，而这种超自然的力量又是与生存休戚相关的；古人认为这是某种自然之外的神灵在左右，于是便转而对这些自然现象膜拜起来。例如，久旱思雨，当时的人们想象“龙”主导风调雨顺，便祈求龙降雨水而膜拜龙等，久而久之，便产生崇拜的心理，祈祷神灵保佑平安，降福消灾。随着崇拜、祈祷名目的增多，便形成了许多礼仪，例如，祭天之礼仪、祭地之礼仪、祭祖之礼仪等。这种礼仪最明显地表现了在古代婚姻仪式中必须拜天、拜地、拜父母。

历史唯物主义者认为，礼仪是社会历史的产物，是人类脱离动物界并组成人类社会以后，在长期的人类社会实践中逐步形成的。礼仪体现的是人与人之间的关系，只有在社会中，在发生人与人之间关系，且只有当人脱离动物并意识到这种关系时，才会出现礼仪。

礼仪是个人与他人之间的关系的自觉认识和行为选择的结果，它只能在一定的社会交往关系中产生，并通过一定的社会交往关系表现出来。

因此，礼仪起源于最初的人类交往，是人与人之间相互交往的结果，是人类社会历史活动的产物。

二、礼仪的发展

1. 礼仪的萌芽时期

礼仪起源于原始社会，在长达100多万年的原始社会历史中，人类逐渐开化。在原始社会中、晚期（约旧石器时期）出现了早期礼仪的萌芽。例如，生活在距今约1.8万年前的北京周口店山顶洞人，就已经知道打扮自己。他们用穿孔的兽齿、石珠作为装饰品挂在脖子上；他们在去世的族人身旁撒放赤铁矿粉，并举行原始的宗教仪式，这是迄今为止在中国发现的最早的葬仪。

2. 礼仪的发展

西周末期，王室衰微，诸侯纷起争霸。公元前770年，周平王东迁洛邑，史称东周。承继西周的东周王朝已无力全面恪守传统礼制，出现了所谓“礼崩乐坏”的局面。春秋战国时期是我国的奴隶社会向封建社会转型的时期。在此期间，相继涌现出孔子、孟子、荀子等思想巨人，发展和革新了礼仪理论。

孔子认为：“不学礼，无以立。质胜文则野，文胜质则史。文质彬彬，然后君子。”他要求人们用道德规范约束自己的行为，要做到“非礼勿视，非礼勿听，非礼勿言，非礼勿动”。他倡导的“仁者爱人”，强调人与人之间要有同情心，要互相关心，彼此尊重等。总之，孔子较为系统地阐述了礼及礼仪的本质与功能，把礼仪理论提高到一个新的高度。

3. 礼仪的变革时期

礼仪的变异受礼俗的影响是很大的。中华礼仪由两部分组成：一为礼制，二为礼俗。礼制是国家规定的礼仪制度，礼俗是民间习惯形成的礼仪习俗。从人类学的角度考察，礼俗是先于礼制的。原始社会氏族部落的礼俗，完全处于一种自在状态，只是为本部落或地区民族的生产有序而建立的行为规则，而且是约定俗成，所以它可以自由地传播发展，以致形成了后来丰富多彩的格局，创造了灿烂辉煌的中华文化。礼制是阶级社会的产物，伴随着国家的产生而产生，并伴随着国家的发展而发展的。当物质生产的发展和精神文明的开化，使民族部落逐渐融合统一，产生了阶级和国家之后，统治者要求国民行为规范和统一，于是便产生了朝章法典、礼仪制度。

最初的礼制是沿袭先进部落的礼俗制定的，然后以此去规范万民百姓。在礼制的发展过程中，既不断地吸取民间的优良礼俗，同时又淘汰一些过时无用的礼制，这被称为是沿袭中的“损益”。礼制是在历史的传统与民俗的借鉴中通过不断改造发展起来的。礼制中尊老爱幼、迎来送往、喜庆凶吊、冠婚丧祭诸仪式，都具有沿袭为制的特征。礼制把原来礼俗的规格提高了，使其庄严神圣，而且要求规范统一。礼制的主要功能是维护国家的统一和兴旺发达，而礼俗使社会在井然有序中又充溢着温馨和美好的人生情趣，两者互补互用，共同保证了人际交往和社会生活的有序进行。

从《唐六典》《唐会要》中可以看到，礼俗极大地影响了礼制，或丰富或革新了礼制的内容，或简化了礼制的仪式，使礼仪处在不断的发展变化之中。到宋代，理学大师朱熹极力主张强本（心性）抑末（仪节），简化仪节度数，从他所著《文公家礼》中可以看出，简化仪节，在宋代已成为一种趋势。简化仪节形式，可省时节财，便于推广利用，从而使礼仪更具有积极的普及意义。简化后普及，普及后更能根据各地特点变异其形式，使礼俗成为千姿百态的鲜花，争奇斗艳。这就是礼仪在长期发展中的变异性。

三、礼仪修养的四点方法

1. 自尊自爱，自我约束

自尊，就是要自我尊重。一个人只有自己尊重自己，才能得到别人的尊重。待人接物，不卑不亢，既热情又稳重；为人处世，不随波逐流、人云亦云；碰到挫折，不自暴自弃；遇事顺利，不忘乎所以。自爱，就是要接纳自己，包括自己的优点和缺点。接纳优点，是为了增添自信，进一步发展自己；接纳缺点，是为了使自己有自知之明，能够扬长避短，完善自己。自我约束，就是在应当努力的时候学会坚持；在应当制止的时候学会放弃，不任性苛求，不固执己见。

2. 遵守规范，尊重他人

当我们用礼貌的态度对待他人时，对他人本身就是一种提示和示范，也同样会得到他人礼貌的回报。尊重他人，就是要真诚待人，与人为善；就是要善解人意，为他人着想。只有“我为人人”，才能“人人为我”。只有尊重他人，才能赢得相互间的尊重。遵守规范，就是要凡事讲究适度，协调好与各类公众的关系，使自律与他律相统一。

某机械厂的小王经常要上夜班，每次下夜班回家，上楼的脚步声都特别重，吵得楼下的老先生睡不踏实。每天夜里老先生都要等小王噔噔噔噔上楼，开门，脱下皮鞋“噔——噔”两声摔过之后，才能安心入睡。有一天，老先生恰好在楼下遇见小王，就给他提了个建议，希望他上楼的声音小点，小王满口答应，但下班后，他又噔噔噔噔上楼，进门之后，脱了一只鞋往地上一摔之后，突然想起老先生的建议，于是就把第二只鞋轻轻地放在了地上。

第二天，他问老人：“昨天睡得好吗?”

老人说：“我昨天一夜都没有睡!”

“怎么了?”

“我等你那第二只鞋呢！心一直悬着!”

3. 顾全大局，求得和谐

人际交往，贵在和谐，群体相处，难免发生矛盾。当个人的利益与群体的利益、局部的利益与全局的利益、暂时的利益与长远的利益发生冲突时，应以群体利益、全局利益、长远利益为重。顾全大局，求得和谐，这也是公关真谛之所在。

4. 学习礼仪，贵在实践

礼仪是一种行为准则，其中诸如礼貌、礼节、仪式等都有许多具体的规范和约定俗成的做法需要我们了解掌握，更有许多技巧、技能需要从实践和训练中获得。实践中，要反对一切矫情虚妄。我们提倡“微笑待人”，是因为心里有一份善意；我们讲究礼貌称谓，是因为彼此有一份尊重，切不能把礼仪仅仅视作一件彩衣来装饰点缀自己，礼仪应是人们发自内心的美好情感的自然流露，是形似与神似的完美统一。

某中职学校文秘专业的一位同学，在应聘工作的时候并没有任何介绍信，但却成为百名竞争者中唯一胜出的人，成为总经理助理。总经理的朋友很是好奇地问：“他并没有任何单位的介绍信，您是如何在短时间内知晓他能胜任这份工作的呢?”总经理说：“其实，他带来了不止一封介绍信。你看，他在进门前先蹭掉脚上的泥土，进门后又先脱帽，随手关上了门，这说明他很懂礼貌，做事很仔细；当看到那位残疾老人时，他立即起身让座，这表明他心地善良，知道体贴别人；我故意在地上放了一本书，所有的应试者都不屑一顾，只有他俯身捡起，放在桌上。当我和他交谈时，我发现他衣着整洁，头发梳得整整齐齐，指甲修得干干净净，谈吐温文尔雅，思维十分敏捷。怎么，难道你不认为这些细节是极好的介绍信吗?”

学习礼仪，贵在实践。我们可以从现在开始，有意识地培养、锻炼自己：在与人们的日常交往中，从一声称谓到一次握手；在社会组织的公务活动中，从一次会议到一份信函往来；在参与外事活动中，从一项会谈到一席宴请；在个人的形象仪表上，从一套服饰到一次美容，在一举手、一投足之间，都按礼仪的要求去行事。久而久之，就会逐渐养成良好的礼仪习惯，并将它融入我们的个性之中，从而表现出每个人独特的个性之美。

【知识拓展】

案　例

法国一个偏僻的小镇，据传有一个特别灵验的水泉，常会出现神迹，可以医治各种疾病。有一天，一位拄着拐杖、少了一条腿的退伍军人，一瘸一跛地走过镇上的马路，向水泉的方向走去，旁边的镇民带着同情的口吻说：“可怜的家伙，难道他要向上帝祈求再有一条腿吗?”这句话被退伍军人听到了，他转过身对他们说：“我不是要向上帝祈求有一条新的腿，而是要祈求他帮助我，叫我没有一条腿后，也知道如何过日子。”

案例分析：这个案例用两种截然不同的行为向我们展示了什么是良好的礼仪。

（1）首先，镇民的同情口吻，事实上近乎嘲讽，而嘲笑人的身体缺陷正是言谈礼仪的大忌。

（2）与此相反，退伍军人不仅对这种嘲讽采取了宽容的态度，而且学会了感恩。

【学以致用】

（1）你赞同荀子的“人之初，性本恶”是礼仪起源的观点吗？请阐述理由。
（2）礼仪的沿革经历了哪几个阶段？
（3）当个人的利益与群体的利益发生矛盾时，我们应该怎么做？
（4）为什么说学习礼仪贵在实践？

第三课 礼仪的作用与原则

在天者莫明于日月，在地者莫明于水火，在物者莫明于珠玉，在人者莫明于礼义。故日月不高，则光辉不赫；水火不积，则晖润不博；珠玉不睹乎外，则王公不以为宝；礼义不加于国，则功名不白。故人之命在天，国之命在礼。

——《荀子·天论》

【应知导航】

（1）礼仪在社会生活中有哪些作用？
（2）礼仪的基本原则有哪些？
（3）我们为什么要学习和讲究礼仪？

【知识探究】

讲究礼仪是社会文明的一种体现。讲究礼仪、尊重他人，是一个人精神状态、文化教养和道德水平的反映。古人云：“国尚礼则国昌，家尚礼则家大，身尚礼则身正，心有礼则心泰。”可见，礼仪在社会生活中的地位和作用何等重要。

一、礼仪的作用

在现代社会，虽然一个国家、一个民族的综合国力所包含的内容十分广泛，但在评价一个国家、一个民族时，通常是从这个国家、这个民族人们的言行举止、文明习惯所体现的公民素质与精神面貌入手的。礼仪是一个国家、一个民族的社会风貌、道德水准、文明程度、文化特色、公民素质的重要标志。

1. 促进社会主义精神文明建设

礼仪属于文化范畴，是构成社会精神文明的基本要素，是人们观察、了解精神文明建设的着眼点，也是纯净社会、清正风化的有效措施。我们倡导的文明礼貌，是以人与人之间的平等关系为原则、以对人的尊重关怀为基础的，要求人们努力做到内在心灵美与外在语言美、仪表美的和谐统一。礼节、礼貌反映了社会的文明程度及公民的精神面貌，同时又作用于道德建设，形成一种具有约束力的道德力量，要求社会成员按社会的期望将自己的言行纳入符合时代之礼的轨道，使人们自觉地按照社会效益，选择符合时代风尚的言行，唾弃违背社会和民族文明的陋习。

2. 调节人际关系

礼仪是社会活动中的润滑剂，是联络人们感情的纽带、沟通人际关系的桥梁，它为营造一个平等、团结、友爱、互助的新型人际关系的环境起着不可忽视的作用。礼仪所表达的意义主要是尊重。尊重可以使对方在心理需要上感到满足、愉悦，从而产生好感和信任。通过完备的礼仪，可以联络人与人之间的感情，协调周围的人际关系，使一切不愉快烟消云散、冰消雪融。

3. 教育自己，影响他人

礼仪是一种高尚、美好的行为方式，它通过评价、劝阻、示范等教育形式纠正人们不良的行为习惯，倡导人们按礼仪规范的要求去协调人际关系，维护社会正常秩序。遵守礼仪原则的人客观上也起着榜样的作用，他们无声地影响着周围的人。人们可以在耳濡目染之中，接受教育、净化心灵、陶冶情操、匡正缺点、端正品行。

孔融小时候聪明好学，才思敏捷，巧言妙答，大家都夸他是奇童。4岁时，他已能背诵许多诗赋，并且懂得礼节，父母亲非常喜爱他。一日，父亲买了一些梨子，特地拣了一个最大的梨子给孔融，孔融摇摇头，另拣了一个最小的梨子说："我年纪最小，应该吃小的梨，那个大梨就给哥哥吧。"父亲听后十分惊喜，又问："那弟弟也比你小啊？"孔融说："因为弟弟比我小，我更应该让给他。"

孔融让梨的故事很快传遍了曲阜，并且一直流传下来，成了许多父母教育子女的好例子。

4. 更好地表现个人价值

人生价值的展示过程即表现自我的过程。一个人在其生命的主要时期，不论从事什么职业，也不论其信仰、观念、思想有何不同，都在自觉或不自觉地表现着自己。礼仪规范能最大程度地帮助人们成功地完成这一任务，找到实现自我价值的最优表现形式。

旅行社招聘导游一名，应聘者中有两个人表现突出且不相上下，经理需要在两个同样有才干的应聘者中选出一个，这让他举棋不定，难以拍板。突然他想起一件事，一个风雨交加的夜晚，他搭乘公交车回家，坐在后排的最后一个位子上，公交车停在下一站，上来一位老妇人，提着一个沉重的袋子，孤零零地站在车厢的过道上。老妇人面对着的是一位看起来很有风度的男子，但是这名男子举着报纸将脸挡住，故意装作没看见。经理从后排站起来，沿着过道走去，提起那个袋子，把老人扶到自己的座位上坐下。该男子仍然举着报纸低着头，对车厢里发生的一切似乎什么也没有看见。经理顺便朝那男子瞅了一眼，那张脸庞深深地印入了脑海。该男子正是这两位优秀的应聘者之一。经理果断地作出决定：这位男子出局。

二、礼仪的原则

文明社会给人们造就一种安定、和谐的气氛，使人们生活得心情舒畅，这是因为人们都注意遵守交往的基本礼仪准则。在不同的时间和场合，针对不同的对象，人们所采用的礼仪有所不同，但其中隐含的基本精神是一致的，即遵守公德、尊重他人、真诚、适度、守信、宽容和审美的原则。

1. 遵守公德

讲究礼仪是人们交往中互相尊重、联络感情、增进友谊的行为，也是一种公德，即一个人公共道德修养的外在表现。礼仪的简易化、人情化越为人们所接受，其对社会人际交往行为的渗透就越深入，且对道德修养的依赖性也就越强。行为心表、言为心声是人所共知的。礼仪如果不以社会公德为基础，不以个人的文化素质、品格修养为内涵，而只在形式上下工夫则必定事与愿违。

导游小张带团去瑞士旅游，一次上厕所时，听到隔壁的卫生间里“砰砰”地响，小张有点纳闷。出来之后，一位女士很着急地问他有没有看到她的孩子，她的小孩进厕所十多分钟了，还没有出来，她又不能进去找。小张想起了隔壁厕所间里的响声，便进去打开厕所门，看到一个七八岁的小孩正在摆弄抽水马桶，因为怎么弄他都抽不出水来，急得满头大汗，但仍然在不懈地找办法，因为他觉得他上厕所不冲水是违背公德的。

2. 尊重他人

在交往中讲究礼仪，是为了表达对别人的尊重。人们都有满足物质生活的需要，但更有获得尊重的期望，而且人们一般对尊重自己的人有一种天然的亲和力和认同感。所谓尊重原则，首先是在自尊、自爱的同时，尊重他人的人格、劳动和价值，以平等的身份同他人交往；其次是尊重他人的爱好和感情，而不应强求他人按自己的爱好和志趣来生活、行事。古语云：“敬人者，人恒敬之。”俗语道：“你敬我一尺，我敬你一丈。”它们表达的都是同一个含义：尊重应该是相互的。你尊重别人，别人自然会尊重你；你不尊重别人，你也就不会被别人所尊重。

公元前 592 年，当时的齐国国君齐顷公在朝堂接见来自晋国、鲁国、卫国和曹国的使臣，各国使臣都带来了墨玉、币帛等贵重礼品献给齐顷公。献礼的时候，齐顷公向下一看，只见晋国的亚卿郤克是个独眼，鲁国的上卿是个秃头，卫国的上卿孙良夫是个跛脚，而曹国的大夫公子首则是个驼背，不禁暗自发笑：怎么四国使臣都是有毛病的。

当晚，齐顷公见到自己的母亲萧夫人，便把白天看到的四个人当笑话说给萧夫人听。萧夫人一听便乐了，执意要亲眼见识一下。正好第二天是齐顷公设宴招待各国使臣的日子，于是便答应，让萧夫人届时躲在帷帐的后面观看。第二天，当四国使臣的车子一起到达，众人依次入厅时，萧夫人掀开帷帐向外望，一看到四个使臣便忍不住大笑了起来，她的随从也个个笑得前仰后合。笑声惊动了众使者，当他们弄明白原来是齐顷公为了让母亲寻开心，特意做了这样的安排时，个个怒不可遏，不辞而别。四国使臣约定各自回国请兵伐齐，血洗在齐国所受的耻辱。四年后，四国联合起来讨伐齐国，齐国不敌，大败，齐顷公只得讲和，这便是春秋时著名的“鞍之战”。

3. 真诚

真诚是人与人相处的基本态度。真诚是一个人外在行为与内在道德的有机统一。在交往中必须做到诚心待人、心口如一，而不能虚情假意、心口不一。待人真诚的人会很快得到别人的信任，而与人交往时表里不一、口是心非、缺乏真诚的人，即使在礼仪方面做得无可指责，最终还是不会取得别人的信任。在社交场合，并非每个人都能有优美的姿态、潇洒的风度、得体的谈吐，但是，只要以真诚为原则，并处处体现出来，使与你交往的每个人，都能感到你所做的一切都是发自内心的、真诚的，就能赢得友情、广交朋友。

对于知识，孔子的态度是“知之为知之，不知为不知，是知也”，懂就是懂，不懂就是不懂，这才是一个人真心求知的表现。孔子是这样说的，也是这样做的。

鲁国建有祭祀周公的太庙，孔子初进太庙时，对太庙中的一切都产生了浓厚的兴趣，总向别人问这问那，好像有问不完的问题。有人对孔子这种强烈的求知欲不理解，于是就说孔子的闲话：“谁说陬邑大夫的儿子懂得礼呢？他进到太庙，每件事都要问别人。”孔子听说后，一点也不恼火，他说：“这正是合乎礼的做法呀。”

4. 适度

适度是指在施行礼仪的过程中必须熟悉礼仪准则和规范，注意保持人际交往的距离，把握与特定环境相适应的人们彼此间的感情尺度、行为尺度，以建立和保持健康、良好、持久的人际关系。遵循适度原则也有多方面的要求：首先应该感情适度。在与人交往时，既要彬彬有礼，又不能低三下四；既要热情大方，又不能轻浮谄媚。其次应该谈吐适度。在与人交谈时，既要诚挚友好，又不能虚伪客套；既要坦率真诚，又不能言过其实。最后是应该举止适度。在与人相处时，既要优雅得体，又不能夸张造作；既要尊重习俗，又不能粗俗无礼。正如培根所言：“礼貌举止正好比人的穿衣，既不可太宽，也不可太紧。”

5. 守信

守信就是指在交往中要讲真话，并遵守诺言，实践诺言。古人说：“人而无信，不知其可也。”儒家直接把信用作为重要的美德（“仁”“义”“礼”“智”“信”）之一。孔子所说“民无信不立”，强调的是要守信用。在交往中，一个讲信用的人能够做到前后一致、表里一致、言行一致，人们可以根据他的言论去判断他的行动、预测他的行为，以促进交往正常发展。因此，许多礼仪都体现了守信用这个基本精神，如遵守约定的时间，遵守对别人的承诺，言必信、行必果，不失信于人。

6. 宽容

所谓宽容是指心胸宽广，忍耐性强，“海纳百川，有容乃大”。一个有着宽阔胸怀的人往往能做到宽容别人，易于博得他人的爱戴和敬重。正如孔子所言：“宽则得众。”宽容是与民主、平等、独立相关的，是民主社会的伴随物。随着商品经济的发展，人们之间交往的范围日益扩大，而社会节奏的加快、价值观的变迁、技术的发明、经济的活跃、思想的冲突都需要人们有更大的相容度，以接纳各种不同观点、不同现象及不同性格的人。

7. 审美

我们之所以把审美标准作为现代礼仪的一个原则，是因为审美的结果是反映社会进步的一个方面，“爱美之心，人皆有之”。审美的目的是要达到真、善、美的统一。社会的发展，科学的进步，使真、善、美已经打破了界限，达到了你中有我，我中有你，彼此结合，浑然一体。按照美的要求来建设今天的世界，已为越来越多的人所接受；而按美的要求来设计人际关系，也已成为人们所乐于接受的一种生活准则。

【知识拓展】

案　例

日本某著名电器公司曾一度陷入困境，员工士气低落。当新一任董事长上任时，他经常不带秘书，一个人深入各工厂与工人聊天，听工人的意见，更有意思的是，他还经常提着酒去慰劳员工并与他们共饮。终于他赢得了公司上下的支持，员工的士气也高涨了起来。在三年内，这位新董事长终于重振了暮日穷途的电器公司。

案例分析：尊敬的作用是十分巨大的，新任董事长对普通员工的尊重赢得了公司上下的支持，他的诀窍就是关心、重视、尊重每一个员工，“敬人者，人恒敬之”，他同时也赢得了员工的信服与支持。

【学以致用】

（1）为什么说礼仪可以调节人际关系？

（2）我们如何通过礼仪去影响他人？

（3）请谈一下你对礼仪的原则中的诚实守信原则的认识。

（4）为什么将审美作为礼仪的原则之一？

开篇寄语

对个人来说，个人礼仪是文明行为的道德规范与标准；对国家来说，个人礼仪是一个国家文化与传统的象征。个人礼仪所形成的一种具有社会强约束力的道德力量，使每一个社会成员都能够自觉地按照社会文明的要求，调整行为，唾弃陋习。个人礼仪从这个侧面反映了一个社会的文明程度。个人礼仪是一个人的生活行为规范，是个人仪表、仪容、言谈、举止、待人、接物等方面的具体规定，是文化素养、教育良知等精神内涵的外在表现。

个人礼仪篇

——细节决定成败

第一课 仪容仪表礼仪

面必净、发必理、衣必整、钮必结。头容正、胸容宽、肩容平，背容直。颜色：勿傲、勿暴、勿怠。气象：宜和、宜静、宜庄。

——《镜铭》

应知导航

（1）什么是 TPO 原则？

（2）穿西服时有哪些需要注意的地方？

（3）选择袜子的时候有哪些需要注意的地方？

知识探究

个人是交往活动和公共关系活动的主体，其自我礼仪面貌（即仪容、仪表、仪态）和得体的语言、良好的心理素质，对树立良好的个人形象和组织形象，建立成功的公共关系都有积极的影响，因此，必须把个人的礼仪面貌当做一种职业要求加以重视，从一点一滴做起。

一、服饰礼仪

1. 服饰穿着基本原则

古今中外，着装从来都体现着一种社会文化，体现着一个人的文化修养和审美情趣，是一个人的身份、气质和内在素质无言的介绍信。从某种意义上说，服饰是一门艺术，服饰所能传达的情感与意蕴甚至不是用语言所能替代的。在不同场合，穿着得体、适度的人，会给人留下良好的印象；而穿着不当，则会降低人的身份，损害自身的形象。我们敬爱的周恩来总理在着装方面为后人树立了一个得体潇洒的典范，不论在任何条件下，他的衣着都整洁合体，一举一动都彬彬有礼，待人谦虚，亲切诚恳。

在社交场合，得体的服饰是一种礼貌，在一定程度上直接影响着人际关系的和谐。

> **小贴士**
>
> 服饰的基本要求
>
> ·整洁　·大方
>
> ·适体　·适时

影响着装效果的因素主要有以下三点：

一是要有文化修养和高雅的审美能力，即所谓“腹有诗书气自华”；

二是要有运动健美的素质，健美的形体是着装美的天然条件；

三是要掌握着装的常识、着装原则和服饰礼仪的知识，这是达到内外和谐统一美的不可或缺的条件。

中职电子商务专业毕业的小王的口头表达能力不错，对公司产品的介绍也得体，人既朴实又勤快，在业务人员中表现突出，老总对他抱有很大期望。可小王做销售代表半年多了，业绩总上不去。问题出在哪儿呢？原来，他是个不爱修边幅的人，喜欢留着长指甲，衬衣领子也不能保持洁白，有时候手上还记着电话号码。

（1）TPO原则

着装的TPO原则是世界通行的着装打扮的最基本的原则，它是英文Time Place Object三个词首字母的缩写。该原则于1963年由日本男用时装协会提出，之后便迅速传播，现已成为世界服装界公认的着装审美原则之一。

T代表时间、季节、时令、时代；

P代表地点、场合、职位；

O代表目的、对象。

（2）TPO原则的注意事项

①着装应与自身条件相适应。选择服装首先应该与自己的年龄、身份、体形、肤色、性格和谐统一。

年长者、身份地位高者，选择服装款式不宜太新潮，应当选择款式简单而质地高档的服装，与身份、年龄相吻合。

青少年着装则应着重体现青春气息，朴素、整洁为宜，清新、活泼最好，“青春自有三分俏”，若以过分的服饰破坏了青春朝气实在得不偿失。

形体条件对服装款式的选择也有很大影响。身材矮胖、颈粗圆脸形者，宜穿深色低“V”字形领、大“U”形领套装；而身材瘦长、颈细长、长脸形者宜穿浅色、高领或圆形领服装；方脸形者则宜穿小圆领或双翻领服装；身材匀称、形体条件好、肤色也好的人，着装范围则较广，可谓“浓妆淡抹总相宜”。

②着装应与职业、场合、交往目的对象相协调。这是一条不可忽视的原则。工作时间着装应遵循端庄、整洁、稳重、美观、和谐的原则，这样能给人以愉悦感和庄重感。从一个单位职业的着装和精神面貌，能很好地体现这个单位的精神面貌。现在越来越多的组织、企业、机关、学校开始重视统一着装，这是很有积极意义的举措，这不仅给了着装者一份自豪，同时又多了一份自觉和约束。着装可以成为一个组织、一个单位的标志和象征。

郑伟是一家大型国有企业的总经理。有一次，他获悉有一家著名的德国企业的董事长正在本市进行访问，并有寻求合作伙伴的意向。于是他想尽办法，请有关部门为双方牵线搭桥。

让郑总经理欣喜若狂的是，对方也有兴趣同他的企业进行合作，而且希望尽快与他见面。到了双方会面的那一天，郑总经理对自己的形象刻意地进行了一番修饰，他根据自己对时尚的理解，上穿夹克衫，下穿牛仔裤，头戴棒球帽，足蹬旅游鞋。无疑，他希望自己能给对方留下精明强干、时尚新潮的印象。

然而事与愿违，郑总经理自我感觉良好的这一身时髦的“行头”，却偏偏坏了他的大事。

着装应与场合、环境相适应。正式社交场合，着装宜庄重大方，不宜过于浮华。参加晚会或喜庆场合，服饰则可明亮、艳丽些。节假日休闲时间着装应随意、轻便些，西装革履则显得拘谨而不适宜。家庭生活中，着休闲装、便装更益于与家人之间沟通感情，营造轻松、愉悦、温馨的氛围。但不能穿睡衣拖鞋到大街上去购物或散步，那是不雅和失礼的。着装应与交往对象、目的相适应。与外宾、少数民族相处，更要特别尊重他们的习俗禁忌。总之，着装的最基本的原则是体现和谐美，上下装呼应和谐，饰物与服装色彩相配和谐，与身份、年龄、职业、肤色、体形和谐，与时令、季节环境和谐等。

（3）穿西服的原则

西服以其设计造型美观、线条简洁流畅、立体感强、适应性广泛等特点而越来越深受人们青睐，几乎成为世界性通用的服装，可谓男女老少皆宜。西服七分在做，三分在穿。西服的选择和搭配是很有讲究的。选择西服既要考虑颜色、尺码、价格、面料和做工，又不可忽视外形线条和比例。西服不一定必须料子讲究高档，但必须裁剪合体，整洁笔挺。一般来说，色彩较暗、沉稳、无明显花纹图案、面料较高档的单色西服套装适用场合广泛，穿着时间长，利用率较高。穿西服应遵循以下礼仪原则。

①西服套装上下装颜色应一致。在搭配上，西服、衬衣和领带中应有两件为素色。

②穿西服套装必须穿皮鞋，便鞋、布鞋和旅游鞋都不合适。

③配西服的衬衣颜色应与西服颜色协调，不能是同一色，质地一定要好。白色衬衣配各种颜色的西服效果都不错。在正式场合，男士不宜穿色彩鲜艳的格子衬衣或花色衬衣。衬衣袖口应长出西服袖口1～2cm。穿西服在正式庄重场合必须打领带，其他场合不一定要打领带。打领带时衬衣领口扣子必须系好，不打领带时衬衣领口扣子应解开。

小李是某中职学校电子商务专业的一名刚毕业的学生，准备参加招聘面试。他买了件新衬衫，在面试当天才拆开。他并不在乎衬衫上有褶痕，因为穿上西服就能挡住了。但是，没料到面试过程中，主试者却让他把西服脱了好随便一点。他当时就傻眼了，满脑子想的都是衬衣上的褶痕。

④西服纽扣有单排、双排之分，纽扣系法有讲究。双排扣西服应把扣子都扣好。单排

扣西服：一粒扣的，系上端庄，敞开潇洒；两粒扣的，系扣方式较随意，但全扣和只扣第二粒不合规范；三粒扣的，系上面两粒或只系中间一粒都合规范要求。穿西装背心时，最下边的那粒衣扣，一般可以不系。

⑤穿西服时内衣不要穿着太多，春秋季节只配一件衬衣最好，冬季衬衣里面也不要穿棉毛衫，可在衬衣外面穿一件羊毛衫。穿得过分臃肿会破坏西服的整体线条美。

⑥领带的颜色、图案应与西服相协调。系领带时，领带的长度以触及皮带扣为宜，领带夹戴在衬衣从上数第四、第五粒纽扣之间。

⑦西服袖口的商标牌应摘掉，否则不符合西服穿着规范，出席高雅场合会让人贻笑大方。

⑧注意西服的保养。高档西服要吊挂在通风处并常晾晒，注意防虫与防潮。有皱褶时可挂在浴后的浴室里，利用蒸汽使皱褶展开，然后再挂在通风处。

小贴士

西装的驳领上通常有一只扣眼，称为插花眼，是参加婚礼、葬礼或出席盛大宴会、典礼时用来插鲜花用的。西装的衣袋和裤袋里，不宜放太多的东西，以免把衣服撑变形。西装左右两侧的内袋里，可以放名片夹、笔等轻小物品。西装的左胸外部衣袋插放装饰性手帕。

2. 服饰的搭配

服饰在交际礼仪活动中的作用是不容忽视的。服饰一般包括服装、领带、帽子、手提包、项链等。交际礼节，仅仅只限于行为的彬彬有礼是远远不够的，还要讲究服饰礼节，在不同的场合配以不同的服饰，会给人留下良好的印象。“人靠衣裳马靠鞍”，如果能配上款式得体的服装，则显得高雅；反之，穿着马虎，衣冠不整，就会使人产生反感。

（1）服装面料的选择

身材高而瘦的人，应选用面料稍厚一点的服装，这样会显得比较丰满、精神，并且要避免颜色暗深的收缩色。

身材肥胖者，应选用厚薄适中、轻柔而挺括的面料服装，并忌穿大花、横条纹、大方格图案的服装，否则体型会更显得横宽。对身材肥胖的女士，不应选用皱褶的面料做衣服，不适合穿无袖短衫或连衣裙，最好不要穿百褶裙、喇叭裙，穿西服裙较适宜。

小贴士

穿戴过时的服饰，会给人以僵化、守旧的印象；但一味追求时髦，也会显得轻浮、不实在。

（2）穿着场合的选择

穿衣服必须注意场合，不然，本来很美的服装，也会因其场合不适而大为逊色，甚至使人产生反感。

在公共场合不能只穿针织内衣、紧身内衣或睡衣、睡袍。女士穿下摆窄或长度在膝盖以上的短裙时，切勿在人前把腿架起来。

曾任美国总统的布什，能走上总统的宝座，成为美国“第一公民”，与他的形象设计师是分不开的。1988 年的总统选举中，在开始的时候，布什的情况并不乐观，有一个重要问题就是他在选民心目中的形象不佳，在民意测验中一度落后于对手杜卡斯基十多个百分点。但令人惊讶的是，两个月之后，布什竟以完全不同以往的形象迅速扭转了劣势，取得了竞选的成功。原来，布什接受了专家的指导，认识到自己嗓音尖细、手势及手臂动作死板、身体动作不雅观等缺点，并以有效的措施让噪音听起来不那么刺耳，手势和摆动手臂的动作也灵活协调起来，并配以卡其布蓝色条子厚衬衫，以显示“平民化”，削减了他的保守色彩。形象的明显改善，再加上其他各方面的努力，布什最终战胜了对手，登上了总统的宝座。中国有句古话“人不可貌相，海水不可斗量”，但在现在社会，我们却万万不能忽视“仪容识人”的重要性。

(3) 服装色彩的选择

服装色彩的适当搭配，能使人通过错觉而产生美感，如浅色有扩张作用，会使人显得胖，而深色有收缩作用，能使人显得瘦。

服装色彩与肤色也有关系，如黄皮肤的人应避免蓝紫、朱红等颜色的服装，因为这类颜色与皮肤的对比度强，会使皮肤显得更黄。皮肤黑的人不宜选用黑、深褐、大红等颜色的服装；脸色红的人应避免选择绿色服装，而白色几乎适合于任何肤色的人。

没有不美的颜色，只有不美的搭配，服装色彩的搭配是有一定审美要求的。所以，在选择服装颜色时，应根据自身的特点加以选择。色彩和谐的服装能使人在公众面前反映出自己的心理追求和精神风貌。

(4) 衬衫与领带的选择

①衬衫与领带的搭配。一般来说，白色的、浅色的条子或方格面料的衬衫适合配穿西服。穿着粗花呢或其他外套服装，衬衫花纹可以粗犷一些。

领带是西服的重要组成部分，花色品种很多，一般要求领带与相宜的西服和衬衫配套，如上衣为鲜艳的格呢，领带就应避免条纹或大花，以纯粹的小花图案为宜；如上衣是粗格呢，领带的颜色则应与格子图案中的某一种色调和谐。一般来说，有图案的领带宜于配上素色无花纹的衬衣。

②领带的作用及系法。对领带的极致描述就是“领带是男人的第二张脸”。一条漂亮的领带，一个完美的领结扣，配上笔挺合身的西服，可以完全衬托出一位优秀男士的魅力和气质。男人的装束不像女人那样复杂，饰物上的佩戴更是简约得很。除去手表、眼镜等物品外，唯一能让男人在一大堆款式相近、颜色相仿的“西服群”中脱颖而出的就是领带。首先，必须选择一条适合自己的领带，然后，还要学会完美地打一个领结扣。

领带最简单的系法如下图所示。

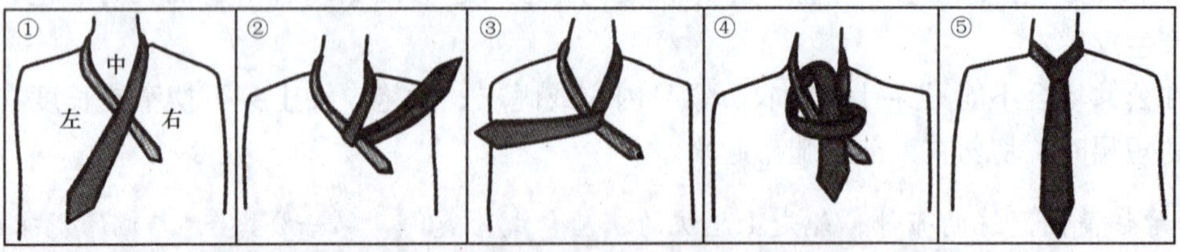

五步学会打领带

需要注意的是，穿立领的衬衫时不宜打领带，穿翼领衬衫时适合扎蝴蝶结。

③领带的长度与位置。

领带的长度。成人日常所用的领带，通常长为130～150厘米。领带打好之后，外侧应略长于内侧。其标准的长度应当是打好后下端正好触及腰带扣的上端。当外穿的西装上衣系上扣子后，领带的下端便不会从衣襟下面显露出来。在正式场合不应选用长度难以调解的“一拉得”领带或“一套得”领带。

领带的位置。领带打好之后，应被置于合乎常规的既定位置。穿西装上衣系好衣扣后，领带应处于西装上衣与内穿的衬衫之间。穿西装背心、羊毛衫、羊毛背心时，领带应处于它们与衬衫之间。西装里面最好不穿羊毛衫或毛背心。如果要穿，只允许穿一件单色薄型的V形领羊毛衫。不要穿开领的、花哨的羊毛衫，特别是不要同时穿上多件羊毛衫。

打领带结的技巧

打领带结有三点技巧。其一，要把它打得端正、挺括，外观上呈倒三角形。其二，可以在收紧领带结时，有意在其下压出一个窝或一条沟来，使其看起来美观、自然。其三，领带结的具体大小不可以完全自行其是，而应使其大体与所穿的衬衫领子的大小成正比。

（5）鞋袜的选择

①鞋子的选择。一般来说，鞋子的颜色应该与衣服的颜色相称，一般场合应穿素雅端庄、体面大方的黑色皮鞋。穿花俏衣服时不宜穿黑鞋子。

②袜子的选择。袜子具有衔接裤子和鞋子的作用，应与裤、鞋协调。黑色皮鞋应配深色袜子。稳重的西服长裤和明亮的黑色鞋子，如果配上不协调的花俏颜色的袜子或有花纹的袜子，那就会使人产生杂乱、失调的感觉。男士为避免在坐下时露出腿毛，应穿黑色或深蓝色的不透明的中长筒袜。女士袜子的色彩可适度鲜艳，若参加庄重的社交活动就应穿肉色的长筒袜，避免露出腿部肌肤，而且夏天最好不要光脚穿凉鞋。

（6）饰品的搭配

金银、珍珠、宝石制作的项链、耳环、戒指、镯子等饰物对女性来说很重要，它可使人展现出高雅、华贵的风姿，只要适合自己的身份和活动场所的要求，饰品有助于赢得公众的好感。一身入时的时装，再配上得体的其他饰物，能起到画龙点睛的作用，如帽子、围巾、手帕、腰带、胸饰、眼镜、手提包等。

小贴士

男子在进行社会交往时，不宜穿透明的袜子，也不要穿颜色鲜艳的花色袜子。

①控制数量。饰品佩戴数量宜少不宜多，一般不超过3件。可以是单一品种的戒指，或者把戒指和项链、戒指和胸针、戒指和耳钉两两组合在一起使用。饰品佩戴过多，给人一种张扬、烦琐、零乱和不稳重的感觉，会让人感觉对于炫耀与庸俗，也会分散对方的注意力。

②巧妙点缀。巧妙地佩戴饰品能够起到画龙点睛的作用。佩戴饰品时应尽量选择同一色系、同一质地。佩戴首饰最关键的就是要与整体服装颜色、质地、款式相统一，与自己的身份相符合。

③彰显个性。俗话说“穿衣戴帽，各有所好”。服饰向社会成员传达出的信息是“我是什么个性的人?”佩戴饰品要与自己所追求的风格、兴趣爱好、审美情趣等相统一，展示出自己与众不同的风采。

④读懂寓意。戒指是一种无声的语言。戴在食指上表示无配偶、求婚或想结婚；戴在中指上表示已经有意中人，正在恋爱；戴在无名指上表示已订婚或结婚；戴在小指上则表

示单身或独身主义者。手镯和手链的戴法也有不同暗示，戴在右腕表示“我是自由的”，戴在左右两个手腕或仅仅是左腕说明已婚。

小刘从某中职学校毕业后到某公司做文秘工作，一次在接待客户时，领导让她照顾一位华侨女士。临分别时，华侨对小刘的热情和周到的服务非常满意，留下了名片，并认真地说：“谢谢！欢迎你到我公司来作客，请代我向你的先生问好。”小刘一听愣住了，因为她还是单身。可是，那位华侨也没有错，她之所以这么说，是因为看见了小刘左手无名指上戴有一枚戒指。

(7) 其他装饰品的选择

①围巾、帽子的搭配。围巾和帽子对服装的整体影响很大，在冬季用于点缀色彩尤为重要。如果衣服颜色较暗，则围巾与帽子的颜色可鲜艳一些。若衣服较鲜艳，佩戴的围巾与帽子就要素雅一些。男士在任何时候都不应在室内戴手套和帽子。

②手帕的选择。手帕也是装饰物。在西服左胸上口袋里插上一定形状的手帕，可令人平添风采。

③腰带的选择。腰带更重要的是装饰作用。男士的腰带一般比较单一，质地多是皮革的，没有太多的装饰。穿西装时，都要扎腰带。女士的腰带种类丰富，质地有皮革的、编织物的、其他纺织品的，纯装饰性的场合更多，款式也多种多样。

服饰是人的衣服和装饰。一个人无论以什么身份在社会上活动，在仪容方面都有一定的、起码的要求。在社交场合，穿着能反映一个人的精神面貌、文化素养和审美水平。如果穿着不当，很难使周围的人对他有一个良好的第一印象。

小贴士

在西方的传统服饰中，手套曾经是必不可少的配饰。现在，手套除了御寒之外，也可以保持手臂的清洁和防止太阳的暴晒。与人握手，除女士晚礼服所佩手套外，不管冬夏，都要摘除手套；进屋以后，一般要立即摘下手套。

3. 服饰搭配的要求

(1) 整洁大方

在正式场合，整洁的衣着反映出一个人振奋、积极向上的精神状态；而褴褛、肮脏的服装，则是一个人颓废、消极的表现。因此，衣服要勤换、勤洗、熨平整，裤子要熨出裤线；衣扣、裤扣要扣好，裤带要系好。穿中山装应扣好风纪扣；穿长袖衬衣衣襟要塞在裤内，袖口不要卷起，短袖衫衣襟不要塞在裤内。

装饰必须端庄、大方，要让对方感到可亲、可近、可信，乐于与你交往。在社交公关场合，应事先收拾打扮一下，把脸洗干净，头发梳理整齐。男士应刮胡子，女士还可化一点淡妆。一般来说，女服色彩丰富，轮廓较优美，面料较讲究，能够显示出秀丽、文雅、贤淑、温和等气质；男服则要求线条简洁有力，色彩沉着，衣料挺括。

小王作为公司代表去参加商品交易会，但他的头发乱糟糟的，同事建议他去理发，小王来到一家理发厅，理发师闲谈中得知他的职业后语重心长地对他说：“你若不重视自己的容貌修饰，就好像把产品弄脏一样，你作为公司代表都如此，产品还会有销路吗?”

一席话说得小王无言以对，后来他接受了理发师的建议，一直十分注意自己的仪表，工作也做得有声有色。

（2）整体和谐

服饰礼仪中所说的服饰，不完全是指我们日常生活中的衣服和装饰物，而主要是指在着装后构成的一种状态，包括它所表达的人的社会地位、民族习惯、风土人情以及人的修养、趣味等因素。所以，必须从整体综合的角度来考虑和体现各因素的和谐一致，做到适体、入时、从俗。

①适体，就是追求服饰与人体比例的协调和谐。服饰是美化人体的艺术，服饰只有与人体相结合，使服饰的色彩、式样、比例等均适合人体本身的“高、矮、胖、瘦”，从而把服饰与人体融为有机统一的整体。因此，过松或过紧的衣衫，过小或过大的裤腿、过高的“高跟鞋”以及不得当的颜色搭配等，都会扭曲人的形体、影响人的形象。显然，这都是文秘人员在着装时要避免的。

②入时，就是追求服饰和自然界的协调和谐。人与自然相适应，有春夏秋冬、风雨阴晴的不同服饰；根据四季的变化穿着衣物，不但很符合时宜，而且还可保证人体健康。一般来说，冬天衣服的质地应厚实一点，以利于保暖，而春秋衣服的质地则应相应薄些。

③从俗，就是追求服饰与社会生活环境、民情习俗的协调和谐。应努力使服饰体现出新时代的新风貌和特征，各民族的不同习俗和特色，各种场合的不同气氛和特点。

（3）展示个性

选择什么样的服饰，能够在很大程度上体现出穿着者的个性。在服饰整体统一要求中，追求个性美，可以说是现代生活的一大趋势。

公关礼仪人员在服饰上，也应根据自身的特点和客观实际情况发挥自己职业、年龄、性别、形体的优势，掩饰和缩小这方面的劣势，充分展示自己的个性，创造社交公关中的美好形象。在公关社交场合，在展示个性中要把握好以下三点。

①不要与同去参加活动的同伴穿一模一样的衣服，免得引起别人去比较谁好谁差，谁漂亮谁难看，导致一个受到青睐、另一个遭到冷落的局面，使大家都不愉快。

②注意与你同去参加活动的同伴服饰不能反差太大，否则也会引起议论。如两位礼仪人员，一个穿的衣服闪闪发亮，另一个穿的衣服发灰发暗，就会让人感觉不舒服。

北京某中职学校文秘专业的罗月为了参加某外资企业的招聘，除了充分准备各种资料外，还特地为自己挑选了一件非常时尚的吊带裙装，既合体又漂亮，但结果却是因为服装穿着的场合不当而没有被录用。

③在服饰款式、色调、质地上要尽量与客人和在场领导协调，切忌衣着太突出自己，太“与众不同”，那样就会颠倒“主从关系”，与礼仪人员的身份不符。

4. 服装颜色的搭配

服装颜色分三类，即暖色、冷色和中间色。红、黄、橙及相近的色彩为暖色，给人以热的感觉；青、蓝色是冷色，给人以寒冷的感觉；绿、紫色是中间色。冬选暖色，夏选冷色是选择服装色彩的原则。服装的色彩搭配协调，才会显得大方端庄。

（1）红色系统

①红色的象征意义。红色象征着温暖、热情与兴奋。淡红色可作为春季的颜色，色彩艳丽的玫红色则适于夏季，深红色是秋天的理想色。

红色是我国的吉祥色，所以在新春或结婚、祝寿等喜庆场合，人们都爱穿着大红色，以增添喜气。

②红色系衣物的搭配。浅红色的长裤或裙子，上身可调配以白色或米黄色的上衣，而用深红的胸花别针来点缀上衣，使之与下身的浅红色相呼应。

如果是浅红色的格子花裙，可以和深红色的上衣、外套搭配，帽子可以配浅草黄色的，皮鞋和皮包以白色为主。

艳红色给人一种极为强烈的印象，可与白上衣作为搭配。此外，艳红色的上衣也常与蓝色牛仔裤配合。大红色的外套大衣可与黑色长裤、长裙搭配，但上衣仍以白色为理想。

③红色系衣物与妆容的搭配。穿着红色衣服时，脸部的底色最忌泛黄，所以可以用粉红色的粉底打底，面层与粉底同色或比粉底稍淡的同色系。眼影用灰色，眉笔用黑色，胭脂可用玫瑰色，唇膏和指甲油则用深玫瑰色。

脸色苍白的人，穿了红色的衣服，可以使气色看起来稍微红润一些，胭脂打得薄一些也无妨。而皮肤黝黑的人，就必须多刷上一些粉红色的胭脂，才能与红色衣服看起来相称。

（2）黄色系统

①黄色的象征意义。黄色属于暖色系统，象征温情、华贵、欢乐、热烈、跃动、任性、权威、活泼。深黄色为富贵色，浅黄色则为春季最理想的色彩，深浅适中的黄色适合夏季使用，而较深的黄色，则符合秋季的气氛。

②黄色系衣物的搭配。浅黄色的纱质衣服，很具有浪漫气氛，因此不妨采用作为长的晚礼服。

浅黄色上衣可与咖啡色裙子、裤子搭配，也可以在浅黄色的衣服上接上浅咖啡色的蕾丝花边，使衣服的轮廓更为明显。

浅黄色与白色因为两者色调太过接近，容易彼此抵消效果，所以并不是很理想的搭配。与浅黄色容易造成冲突的颜色是粉红色，而橘黄色与蓝色也是很犯忌的搭配，应该避免。

深黄色较之咖啡色与浅黄色来说，是更为明亮醒目的颜色，所以不妨选带有深蓝色图案的围巾，里面穿上白色 T 恤或衬衫。

③黄色系衣物与妆容的搭配。穿着黄色系服装时，粉底宜用粉红色系，散粉用粉底色或比粉底稍淡的同色系。眼影宜用蓝色，眉笔宜用咖啡色，胭脂宜用玫瑰红色，唇膏可用稍暗的珊瑚色，指甲油则用比唇膏稍浅的同色系。

（3）绿色系统

①绿色的象征意义。绿色象征自然、成长、清新、宁静、安全和希望，是一种娇艳的色彩，使人联想到自然界的植物，不过，绿色本身却很难与别的颜色相配合。

小贴士

蓝色与绿色虽然同是冷色，但是切勿将深蓝与深绿互相搭配，即使浅绿也不适宜，所以蓝色的牛仔裤若与绿色上衣相配，就会非常难看。蓝色与紫蓝色倒可以互相配合穿着，如果是小碎花图案，这两种颜色更可以产生水乳交融的效果。

②绿色系衣物的搭配。以非常流行的淡绿色来说，除了配白色之外，就不容易找到更理想的搭配。如果穿绿色衣服，可以选用白色的皮包和皮鞋，银灰色的效果次之，其他颜色还是少碰为妙。所以，买绿色的服装时，尤其要注意自己是否有白色和银色的裙、裤来搭配；反之，买绿裙、绿裤时，亦不可忘了配上一件白色的上衣外套。

③绿色系衣物与妆容的搭配。穿着绿色系服装时，粉底宜用黄色系，散粉用粉底色或比粉底稍浅的同色系。眼影宜用深绿色或淡绿色（随服装色彩的深浅而定），眉笔宜用深咖啡色，胭脂宜用橙色（带黄的红色），唇膏及指甲油也以橙色为主。

（4）花色系统

①花色系衣物的搭配。在市面上，有不少印花布，我们可以依上面主要的颜色将之归类为某一种颜色，然后再依照一般颜色来搭配。通常小碎花布料，仍然可以配上同色系的素色布料，如粉红碎花布接粉红色的袖腕、裙摆等。而大花式的花色衣服，最好不再用同系的布面来配，而改用对比色或白色来配，才能使大花纹的优势稍微平衡些。另外，不论是什么样的花布，如果是两截式的服装，一定要注意其深浅搭配。若是上身色浅，则下身应该深；上身若深，下身就要浅。花色服装的接缝不宜太多，除非是要衔接素色的切边，否则应该尽量利用花布本身的图案作为点缀，剪裁以大方、简单为宜。

②花色系衣物与妆容的搭配。面部轮廓不太分明的人穿着大花服装时，需注意用化妆来补救，在眉、眼、唇等重点处要加强个性化。小碎花的服装，眼和唇部妆容应注意强调，才不会让花色独占优势。同样地，条纹服装，也要在化妆方面多加注意，不过条纹对分散人们视觉的注意力不如其他花色来得大，所以化妆方面比较容易。

（5）对比色搭配

①强烈色配合：指两个相隔较远的颜色相配，如黄色与紫色，红色与青绿色，这种配色比较强烈。在进行服饰色彩搭配时应先衡量一下，你是为了突出哪个部分的衣饰。不要把沉着色彩，如深褐色、深紫色与黑色搭配，这样会和黑色呈现“抢色”的后果，令整套服装没有重点，而且服装的整体表现也会显得沉重且暗淡无光。

②补色配合：指两种相对的颜色的配合，如红与绿，青与橙，黑与白等，补色相配能形成鲜明的对比，有时会收到较好的效果，黑白搭配是永远的经典。

（6）近似色相配

近似色指两种比较接近的颜色相配，如红色与橙红或紫红相配，黄色与草绿色或橙黄色相配等。

不是每个人穿绿色都能穿得好看的，绿色和嫩黄的搭配，给人一种很春天的感觉，整体感觉非常素雅，淑女味道不经意间流露出来。

纯色更容易与其他颜色相互协调，这使得人与人之间增加了和谐亲切之感，从而有助于形成协同合作的格局。另外，可以利用低色彩易于搭配的特点，将有限的衣物搭配出丰富的组合。同时，低色彩给人以谦逊、宽容、成熟感，借用这种色彩语言，职业女性更易受到他人的重视和信赖。

二、化妆与仪容

仪容化妆，是人体装饰艺术的组成部分，也是日常生活、交际礼仪中不可缺少的条件。

仪容化妆应包括头发的保养护理与修饰，皮肤的保养护理与化妆等内容，这里重点介绍女士面部化妆的基本知识。化妆是用化妆品及艺术描绘手法来达到装扮美化自己的目的。在社交场合，得体适度的化妆，既是自尊自信的表现，又体现了对他人的尊重。

小曼，某中职学校文秘专业的学生，毕业后就职于一家公司做文员。为适应工作需要，上班时，她毅然放弃了“清纯少女妆”，化起了整洁、漂亮、端庄的“白领丽人妆”：不脱色粉底液，修饰自然、稍带棱角的眉毛，与服装色系搭配的灰度高偏浅色的眼影，紧贴上睫毛根部描画的灰棕色眼线，黑色自然型睫毛，再加上自然的唇型和略显鲜亮的唇色。整个妆容清爽自然，尽显自信、成熟、干练的气质。但在公休日，她又给自己来了一个大变脸，化起了久违的“清纯少女妆”：粉蓝或粉绿、粉红、粉黄、粉白等颜色的眼影，彩色系列的睫毛膏和眼线，粉红或粉橘的腮红，自然系的唇彩或唇油，看上去娇嫩欲滴，鲜亮淡雅，整个身心都备感轻松。

心情好，自然工作效率就高。一年来，小曼以自己得体的外在形象、勤奋的工作态度和骄人的业绩，赢得了公司同人的好评。

1. 化妆基础知识

（1）化妆的基本步骤

①洗面；②拍收缩水（化妆水）；③搽营养霜；④搽粉底；⑤第一次定妆（涂干粉）；⑥修眉；⑦画眉；⑧化眼影；⑨鼻侧影；⑩涂腮红；⑪第二次定妆（涂干粉）；⑫化眼睫毛；⑬涂口红。

化妆步骤的繁简可以根据场合不同而定，比如日常工作妆，可以简略掉第②、⑤、⑥、⑨、⑪步骤，甚至只化①、③、⑫几步简略淡妆就可以。社交场合，淡妆比浓妆艳抹效果更好，更显人的修养和审美情趣。

（2）卸妆方法和步骤

①用干净的软纸擦去脸上的汗垢、油指；②用清洁霜揉搓眉毛，再用软纸擦去；③用清洁霜轻揉眼部，再用软纸将溶于清洁霜的睫毛液和眼影轻轻擦掉；④用清洁霜擦嘴唇，再用软纸拭去口红；⑤用清洁膏边按摩边轻揉整个面部，使粉底浮起，再用软纸擦去；⑥用洗面奶以及温水将脸洗干净；⑦用化妆水收缩毛孔，最后擦上营养护肤霜。

（3）化妆品的选择

化妆时，粉底、眼影、腮红、口红的颜色应与人的皮肤、服饰的颜色协调，才能给人和谐之美感。选择粉底应考虑颜色和质感，最好选择较好质地的品牌。粉底颜色越接近肤色看上去越自然，最好还要多准备一个深色的，作为下颚、鼻梁、额头上打阴影用。粉底不是面具，应该要使皮肤看上去透明光滑、有光泽、健康滋润。苍白脸色的肤色，使用象牙色或粉红色的粉底；乳黄色皮肤用茶色或金褐色粉底；棕色皮肤肤色暗就不用太多粉底，通常使用亮光剂最佳。眼影、腮红、口红的颜色应与服饰的颜色协调。灰、白、黑色服装适合任何化妆颜色。

小贴士　化妆的辅助用具

- 化妆纸
- 粉刷
- 胭脂刷
- 棉棒
- 眉刷
- 唇刷

（4）彩妆与服饰的搭配

其他常用颜色服饰与化妆颜色的搭配如下。

①蓝紫色系：穿深蓝、浅蓝、紫红、玫红、桃红等服装，眼影用色可为棕色、紫红色、深紫色或浅蓝色，腮红用粉色、粉红色，口红用紫红色系。

②粉红色系：穿白、黑、灰、粉红、红等服装，眼影用色可为棕色、粉红色、驼色、橘红色或灰色，腮红可用粉色或红色，口红用红色系。

③棕色系：穿淡棕、深棕、棕红、驼色、米色等服装，眼影用色可为棕色、驼色或灰颜色调，腮红、口红用红色系。

2. 肌肤日常护理

（1）肌肤的基本护理

清洁面部可以去除新陈代谢产生出的老化物质和空气污染，同时也可以清洁肌肤。洗脸时应遵守以下几点。

①将洗面奶放在手上揉搓起泡，泡沫越细越不会刺激肌肤，泡沫需揉搓至奶油般细腻才算合格，让无数泡沫在肌肤上移动以吸取污垢，而不是用手去搓揉。

②从皮脂分泌较多的T字区开始清洗，额头中心部皮脂特别发达，要仔细清洗。手指不要过分用力，轻轻地由内朝外画圆圈滑动清洗。

③用指尖轻柔仔细地清洗皮脂腺分泌旺盛的鼻翼及鼻梁两侧，这一部分洗不干净将导致脱妆及肌肤出现油光。

④鼻子下方容易长青春痘，必须仔细洗净多余的皮脂，用无名指轻轻画轮廓，既不会刺激肌肤又可完全去除污垢。

⑤注意，嘴部四周也要清洗。脸部是否仔细洗净，重点在于有没有注意细小的部位，清洗嘴的四周时以按摩手法从内朝外轻柔描画圆弧状。

⑥下巴和T字区一样，容易长青春痘及粉刺，也是洗脸时容易忽略的部位。洗脸时应由内朝外不断画圈，使污垢浮上脸的皮肤表面。

⑦面积较大的脸颊部位需要特别仔细的关照。清洗面颊的诀窍是，不要用指尖接触皮肤而是用指肚，使指肚仅有的面积充分接触脸颊的皮肤，以起到按摩清洁的作用。洗脸的重要技巧在于不要太用力，以免给肌肤带来不必要的伤害。

⑧清洗时要记得洗到脖子、下巴底部、耳下等，这些部位的粉底霜要去除干净。

⑨冲洗时用流水（水龙头不关）充分地去除泡沫，冲洗次数要适度，在较冷的季节，需使用温水，以免毛细孔紧闭而影响了清洗效果。

⑩洗脸后用毛巾擦拭脸上水分时，不可用力揉搓，以免伤害肌肤。正确使用毛巾的方法是将毛巾轻贴在脸颊上，让毛巾自然吸干水分。

> **小贴士**
>
> 保持乐观的情绪是最好的“润肤剂”。笑的时候，表情的肌肉舒展活动，使面部皮肤新陈代谢加快，促进血液循环，增强皮肤弹性，起到美容作用。

（2）面部营养的补充

洗脸去除污垢后，应该补充随污垢一起流失的水分、油脂、角质层内的NMF（天然保湿因子）等物质，使肌肤恢复原来的状态，化妆水和乳液可以发挥它们的功效。化妆水的任务是补充水分，它的首要职责是补充洗脸时失去的水分，用充足的水分紧缩肌肤，使它变得柔软，紧接在其后的乳液才容易渗入。

化妆水的使用方法如下。

①将两片化妆棉重叠，倒入充足的化妆水，使水分刚好浸透化妆棉。

②两指各夹一片沾满化妆水的化妆棉，按在整个脸上，使肌肤感受到冰凉感。每半边脸用一片化妆棉。

③首先，由脸部中心朝外侧浸染，接着，浸湿易流汗的T字区及鼻翼四周；其次，由下而上拍打整个脸部，直到肌肤觉得凉爽为止。

④容易因水分不足而干燥的眼部周围要集中浸染，唇部也要补充水分，眼睛四周及唇部在白天也要记得用化妆水补充水分。

用化妆水充分补充洗脸所失去的水分后，再用乳液进一步补充养分，使肌肤完全恢复原来的状态。乳液有水分、油分、保湿等肌肤必要的三种成分，而且这三种成分调配得十分均匀，是每日保养肌肤不可缺少的产品。使用乳液的主要目的是恢复肌肤的柔软性，并为接下来的化妆做好准备。

乳液的使用方法如下。

①先用手掌温热脸部，使其毛孔较易张开，乳液也容易浸透且能加强滑润感。

②分别将乳液点在脸上5处部位，然后按照由中央朝外、由下朝上的要领边画圆边涂抹均匀。

③轻柔地按摩眼睛四周的敏感部位，脸部都涂好后，用手掌裹住脸部，让乳液渗入并去除黏腻感。

(3) 肌肤的特殊护理

按摩最大的效果是提高皮肤的新陈代谢，加强血液循环。夏天强烈的紫外线及户外空气与有空调冷气的房间的温差会引起肌肤的生理机能下降，导致肤色暗沉、肌肤干燥等有碍肌肤健康的现象产生。按摩是肌肤有效的保养方法，不但如此，要使化妆品充分融合，按摩也是最适度的手段。

按摩的步骤如下。

①将适量的按摩面霜取出。

②先用手掌温热面霜，然后迅速点在额、两颊、鼻、下巴等部位。

③以中指及无名指，两手同时从下巴朝脸颊处画螺旋状。

④从额中心朝太阳穴画螺旋状，左右两边同时进行，应以双手的中指及无名指按摩。

⑤按摩鼻翼时力量强些，作圆形运动，凹凸的细部仅用中指按摩即可。

⑥按摩时，双手由下巴处朝左右脸侧分开，经过嘴唇边直达鼻子中央处。

⑦左右中指与无名指交互使用，由鼻梁上端抚到鼻梁下端，鼻侧也用同样的方法。

小贴士　吃出健康的肌肤

胡萝卜、香蕉、柑、橘、橙及动物肝脏等，含有大量的维生素A，具有润滑皮肤、防止皮肤粗糙的作用。

牛奶、鸡蛋、瘦肉、豆类、谷物、菠菜及海产品中的贝类食物等，含有丰富的维生素B，能够消除色斑，减少皱纹。

绿色蔬菜、柠檬、苹果、葡萄等含大量的维生素C，可以活血、除斑点，使肤色洁白。

鱼类、蛋黄、花生、鱼肝油等含维生素D，能够增强皮肤抵抗力。

黄豆、木耳、芝麻、花生、蜂王浆、卷心菜、甲鱼、萝卜等能增强细胞的活力，避免早衰和容颜变老。

⑧双手由上眼睑从眼端移向太阳穴，下眼睑由眼端接向眼尾。

⑨脖子朝下巴处轻抚。由于皱纹容易沿横方向出现，所以按摩方法是往上轻抚。

（4）化妆品皮炎的处理方式

由于皮肤接触化妆品而发生的皮肤炎症反应，称为化妆品皮炎。皮炎症状轻重不一，轻者只见潮红或丘疹，按上去微热；重者可引起明显的红斑、水疱；严重者会出现红肿，甚至形成糜烂、浅溃疡，愈后留下色素或痘痕。由于一般化妆品中含有的成分对一些皮肤较敏感的人有刺激作用，一些长期使用化妆品的人便会发生化妆品皮炎，如染发剂中的苯二胺、镍，唇膏、眼影、胭脂中的香料，脱毛剂中的硫化物，戏剧化妆的油彩，以及绿色、深红色颜料等化妆品均可引起皮炎。

一旦得了化妆品皮炎，若面部有明显的红肿和流水时，可先用清水冲洗干净，再以3%浓度的硼酸水做湿敷，并可涂一些氧化锌油剂，也可在短期内服用强的松片和抗过敏药物。在预防上，凡怀疑有化妆品过敏的人，可做皮肤敏感试验，即将化妆品取少许涂在手部较柔嫩处，待两小时后观察涂抹处有无发红、发痒的现象。如确属过敏，应换用其他化妆品，或在化妆前用凡士林打底，并均匀地涂抹一层薄薄的皮肤防护剂，以减轻发病。卸妆时，可用精制而成的石蜡油。若过敏较严重的人，最好避免再次接触致病的化妆品。

广东某中职学校学生小孙有着对“高档”化妆品的强烈追求，在她每月的正常支出中，用于购买化妆品的支出几乎占了一半，她是同学们中最了解化妆品的人，每当有新品上市的时候，她总控制不住跃跃欲试的冲动，会率先试用一把，然后把自己的感受以最快的速度向外传播，这也是她不无骄傲的一点。然而，家里给的钱是个定数，买了化妆品，吃饭的钱相应就少了，于是，小孙就省吃俭用，尽可能把吃饭的消费降到最低点。

假如你也像小孙一样的话，请你和她一起调整一下支出比例，饮食是根本，小孙的做法恰恰是舍本逐末。一项研究表明：美好的容颜的养成，内在营养占80%，外在占20%。

3. 不同脸形的化妆技巧

脸部化妆一方面要突出面部五官最美的部分，使其更加美丽，另一方面要掩盖或矫正缺陷或不足的部分。经过化妆品修饰的美有两种：一种是趋于自然的美，另一种是艳丽的美。前者是通过恰当的淡妆来实现的，它给人以大方、悦目、清新的感觉，最适合在家或平时上班时使用。后者是通过浓妆来实现的，它给人以庄重高贵的印象，可出现在晚宴、演出等特殊的社交场合。无论是淡妆还是浓妆，都要利用各种技术，恰当使用化妆品，通过一定的艺术处理，才能达到美化形象的目的。

（1）椭圆形脸化妆

椭圆形脸是公认的理想脸型，化妆时宜注意保持其自然形态，突出其可爱之处，不必通过化妆去改变脸型。

①胭脂。应涂在颊部颧骨的最高处，再向上、向外揉化开。

②唇膏。除唇形有缺陷外，尽量按自然唇形涂抹。

③眉毛。可顺着眼睛的轮廓修成弧形，眉头应与内眼角齐，眉尾可稍长于外眼角。

正因为椭圆形脸是不需要太多掩饰的，所以化妆时一定要找出脸部最动人、最美丽的部位，而后突出之，以免给人平平淡淡、毫无特点的印象。

(2) 长形脸化妆

长形脸的人，在化妆时力求达到的效果应是增加面部的宽度。

①胭脂。应注意离鼻子稍远些，在视觉上拉宽面部。抹胭脂时可沿颧骨的最高处与太阳穴下方所构成的曲线部位，向外、向上抹开。

②粉底。若双颊下陷或者额部窄小，应在双颊和额部涂以浅色调的粉底，造成光影，使之变得丰满一些。

③眉毛。修正时应令眉毛成弧形，切不可过于有棱有角。眉毛的位置不宜太高，眉毛尾部切忌高翘。

(3) 圆形脸化妆

圆形脸给人可爱、玲珑之感，若要修正为椭圆形并不十分困难。

①胭脂。可从颧骨起始涂至下颌部，注意不能简单地在颧骨突出部位涂成圆形。

②唇膏。可在上嘴唇涂成浅浅的弓形，不能涂成圆形的小嘴状，以免有圆上加圆的感觉。

③粉底。可用来在两颊造阴影，使圆脸消瘦一点。选用暗色调粉底，沿额头靠近发际处起向下窄窄地涂抹，至颧骨部下可加宽涂抹的面积，造成脸部亮度自颧骨以下逐步集中于鼻子、嘴唇、下巴附近部位。

④眉毛。可修成自然的弧形，可作少许弯曲，不可太平直或有棱角，也不可过于弯曲。

(4) 方形脸化妆

方形脸的人以双颊骨突出为特点，因而在化妆时，要设法加以掩蔽，增加柔和感。

①胭脂。宜涂抹的与眼部平行，切忌涂在颧骨最突出处。可抹在颧骨稍下处并往外揉开。

②粉底。可用暗色调在颧骨最宽处造成阴影，令其方正感减弱。下颚部宜用大面积的暗色调粉底造阴影，以改变面部轮廓。

③唇膏。可涂丰满一些，强调柔和感。

④眉毛。应修得稍宽一些，眉形可稍带弯曲，不宜有角。

(5) 三角形脸化妆

三角形脸的特点是额部较窄而两腮较阔，整个脸部呈上小下宽状。化妆时应将下部宽角“削”去，把脸型变为椭圆状。

①胭脂。可由外眼角处起始，向下抹涂，令脸部上半部分拉宽一些。

②粉底。可用较深色调的粉底在两腮部位涂抹、掩饰。

③眉毛。宜保持自然状态，不可太平直或太弯曲。

(6) 参加舞会化妆

舞会的化妆不同于日间或宴会妆，因为舞场上灯光幽暗、多彩，气氛热烈，淡妆效果不佳，所以可以化浓艳一些。

①粉底。色调宜与自然肤色相仿，太深、太浅均不适宜。若穿露肩背式礼服，颈部、肩部及手臂上也应涂上粉底。应选用鲜红色的胭脂，凡带有暗色成分的胭脂在灯光下看起来都会显得脸颊深陷。

②唇膏。应用深桃红色或玫瑰红的唇膏，以增加明艳之感；还可以涂亮光唇油，以增

加光泽。

③眉睫。眉毛从眉头至眉梢应由淡渐浓。睫毛膏可比平时多刷几层，加用假睫毛效果会更好。

④香水。可用植物类的、香型较浓的香水。

（7）夏季化妆

夏季的化妆品宜用耐汗和不怕水的，以褐色色调为主调。

①粉底。宜选用较肤色低一二度的色调，可用海绵搽涂。比较容易出汗的皮肤及油性皮肤还可扑上暗色彩的香粉。

②胭脂。双颊宜用乳霜状或粉状的褐色胭脂搽涂。

③唇膏。用褐色系唇笔描出唇形，宜用褐色或橘黄色、红色的唇膏。

④眉眼。可用蓝、绿、紫色眼影与夏季服装的华美色彩配合。上眼睑中央和下眼睑可用褐色眼影，眼角宜用绿色。眼线的颜色宜与眼影相同。眉毛宜保持自然形状。

（8）冬季化妆

冬季万物凋零，人们的衣着打扮也以暗色调为主，因而冬季的化妆不宜过于艳丽，应与衣着的颜色、风格相一致。

①粉底。宜选用暗色调的粉底，薄薄地施上一层；宜选用有防止水分、油脂丢失作用的润肤剂。

②胭脂。双颊可用玫瑰红、明亮的桃红色或琥珀色、肉色胭脂涂抹，前者可产生温暖感，后者则有严峻之感。

③唇膏。嘴唇可选用既有防干裂作用又有美化作用的稍暗色调的唇膏。

④眉眼。眼线用黑色较好，眉毛宜保持自然形状。

（9）戴眼镜者化妆

经常戴眼镜的人，在化妆上应有别于不戴眼镜者。

①胭脂、口红。胭脂、口红的颜色应与镜框的颜色相和谐，深色镜框需配以较深色的口红，反之则较淡些。胭脂应抹得低些，以免被眼镜遮住。发型应以简单为宜，额前的刘海不要太多、太长。

②眉睫。应注意眼镜框的上边是否与眉型相配合，以上边线与眉平行为佳，切不可镜框下垂而眉形上扬。画眉毛的眉笔色调应与镜框的颜色尽量相配。应选用较明亮的眼影色及浓密一些的假睫毛或深色的睫毛膏。戴近视镜会使眼睛显得小些，应在上睫毛下画上较深色的眼线。

小贴士　护肤品的基本用量标准

·营养霜：每次0.6~1克。

·按摩霜：每次4~6克。

·清洁霜：每次2~4克。

·化妆水：如果是直接倒在掌心上，每次为1毫升，如果用化妆棉涂抹，每次为1.5~2毫升。

·美容用的化妆品，比皮肤养护化妆品使用的次数多，但用量也很有限，如每天化妆的话，粉饼、口红、眼影等配套化妆品，一般可用半年。

4. 香水的正确使用

香水是女性美容的化妆品之一，也是居室中常备的物品。香水不仅能除臭、添香、止痒、消炎、防止蚊叮虫咬等，而且还能刺激大脑，使人兴奋，消除疲劳。使用香水也有如下讲究。

①最好将香水洒在手腕、颈部、耳后、太阳穴、臂弯里、膝头等不完全暴露的部位，这样香味随着脉搏跳动、肢体转动而飘逸散发；为避免香水对皮肤的刺激，可洒在衣领、手帕处。千万不要将香水搽在面部，这样会加速面部皮肤老化。

②不要在毛皮衣服上洒香水，因为香水的酒精成分会使毛皮失去光泽。如果将香水洒在浅色衣服上，日晒后会出现色斑，所以，尽量避免直接将香水洒在衣服上。

③不可将香水喷在首饰上，应该先搽香水，等完全干后，再戴项链之类的饰物。否则会影响饰物的颜色及光泽。

④香水不宜洒得太多、太集中，最好在离身体20厘米处喷射。如果在3米以外还可以嗅到身上的香水味，则表明用得太多。

⑤搽用香水后不宜晒太阳，因阳光里的紫外线会使搽过香水的部位发生化学反应，严重的会引起皮肤红肿或刺痛，甚至诱发皮炎。

⑥不要同时将不同牌子的香水混用，因为那样会使香水变味或无效。

⑦夏日出汗后不宜再用香水，否则汗味和香味混杂在一起，给人留下污浊、不清新的感觉。因此多脂多汗处忌洒香水，以免怪味刺鼻。

⑧患有支气管哮喘或过敏性鼻炎的人，最好不要用浓香的香水。

【知识拓展】

案　例

学习财会的许成果，工作几年后成为财税专家。她有很好的学历背景，能经常为客户提供很好的建议，在公司里的表面一直很出色。但当她到客户公司提供服务时，对方主管却不太注重她的建议，她所能发挥才能的机会也就不大了。

一位同事发现，这位财税专家在着装方面有明显的缺憾：她已经32岁，却喜爱着少女装，因此看起来像个25岁的女孩，导致其外表给人造成的印象与她所从事工作的能力相距甚远。同事提醒她改变着装风格，用深色的套装，对比色的上衣、丝巾、镶边帽子来搭配，甚至戴上重黑边眼镜，女财税专家照办了，结果，客户的态度有了较大的转变。很快，她成为公司的董事之一。

案例分析：

(1) 美国政治家富兰克林说："饮食可以随心所欲，穿衣却得考虑给他人的印象。"可见，着装是社交与商务活动的重要一环。着装是一个人最表面、最显而易见的速写肖像。尽管内容重于形式，却也不可否定形式对内容的美化或损坏的作用，尤其当内容无法来得及让人仔细辨识之时更为重要。

(2) 如何通过衣着给人树立一种干练、值得信赖的职业女性形象，是当代职业女性取得职业认同的第一步。本案例中的财税专家许成果，作为一名财会人员，却穿少女装，这种装饰在工作中会不自觉地给客户一种不成熟的感觉，或对合作者有极大依赖性的印象，所以不易得到客户的信任。在改变着装风格后，许成果给客户的印象就会大大改观。

第二课 言谈礼仪

在造就一个有修养的人的教育中，有一种训练必不可少，那就是优美、高雅的谈吐。

——美国前哈佛大学校长伊立特

应知导航

（1）要做到讲话明白易懂，有哪些需要注意的地方？

（2）社交中的言谈禁忌有哪些？

（3）聆听的意义有哪些？

知识探究

说话和听话是一对孪生姐妹，相辅相成。说的同时既在听自己说的话有无不妥，同时也在听他人的反应如何，并从他人的反应中，来调整自己的说法。在正式的交谈中，交谈的双方既是说话者同时又是听话者，通过不断地转换角色来达到交谈的目的。

一、善于表达

语言是人类沟通思想、交流感情的工具，而交谈则是人际交往中最常用、最直接的方式，也是人们传递信息和情感、增进彼此友谊的重要手段。要想成为好的交流对象，必须掌握“说的艺术”，即做到“明白易懂”“幽默地说”的同时要注意交谈禁忌。

1. 讲话要明白易懂

为使双方顺利交流，首先要保证让对方能够正确理解自己所讲的内容。为此，就应当尽量使用对方容易听懂的词语进行表达。每个人从事的工作不同，经历、年龄不同，所接触的专业术语也不一样。要在考虑上述因素的基础上，斟酌用词。如果不考虑对方的情况，就很有可能让对方不知所云，因此，讲话时需要注意以下几点。

①专业术语对从事这一领域工作的人来讲是很重要的，但对圈外的人就有些晦涩难懂，所以应当把专业术语换成简单的说法。

古时有一个笑话，说的是有一书生突然被蝎子蜇了，便对其妻子喊道："贤妻，速燃银烛，为夫为虫所袭！"他的妻子一时没听明白，书生更着急了："身如琵琶，尾似钢锥，叫声贤妻，打个亮来，看看是什么东西！"其妻仍然没有领会他的意思，书生疼痛难熬，不得不大声吼道："快点灯，我被蝎子蜇了！"真乃自作自受。

②省略语、外语、外来语、新词汇也都较难理解，对有些人需要进行补充说明。

③声音太小、太细就不易听清，所讲的话也无法传达给对方。

发音若不清楚，对方容易听错；说话速度太快，对方的理解可能跟不上，应注意用平缓的语气、平常的语速交谈。

我国老一辈的革命家陈毅早年留学法国时，为练好舌音，常常口含茶水练习，借助发音时水在口中的流动，加强舌头的弹性，使它灵活起来，加上他博览群书，勤学不辍，后来终于成为中外著名的外交家。勤学苦练是说话的基本功，只有不断地学习，不断地练习，方能得心应手。

2. 讲话要考虑场合和对方的身份

工作中人际关系错综复杂，所以一定要注意说话方式。人的身份多种多样，领导、老同事、新同事，以及年龄有差距的、关系密切的和疏远的，还有客户等，再加上见面的场合也不同，所以绝不能为了怕麻烦，就无论在哪里见什么人都像跟老朋友一样随随便便地讲话。

说话方式在维持良好的人际关系方面起着重要作用，因此一定要学会正确地使用敬语。

小贴士

交谈的话题要分对象。

· 英国人：天气和运动。

· 法国人：追求新事物和刺激。

· 德国人：冒险和刺激。

3. 幽默的说话技巧

幽默的言谈能给人快乐，给人意味深长的思考，可以使紧张的气氛变为轻松自然，使沉默寡言者变得健谈。总之，幽默是思想、爱心、智慧和灵感在语言运用中的结晶，也是一种良好修养的表现。

第二次世界大战期间，英国首相丘吉尔到华盛顿会见美国总统罗斯福，要求美国共同抗击德国法西斯，并给予物资援助。丘吉尔受到热情接待，被安排住进白宫。一天早晨，丘吉尔躺在浴室里，抽着他那特大号的雪茄，门突然开了，进来的是美国总统罗斯福。丘吉尔大腹便便，肚子露出水面……两位世界名人在此相遇，非常尴尬。丘吉尔扔掉了烟头说："总统先生，我这个英国首相在您面前可真是一点也没有隐瞒。"说完两人哈哈大笑起来。丘吉尔这一句风趣幽默的话，不仅使双方从尴尬的情景中解脱出来，而且借此机会再一次含蓄地阐述了自己的观点和目的，很快促成了谈判的成功。

可见幽默是一种缓冲剂，幽默的语言能使矛盾的双方摆脱困境，使窘迫在笑话中消逝。但在演绎幽默时，也得注意"分""度"的问题，即应考虑场合、对象、地点、时间等关系。作为一种说话的技巧要把握分寸，慎而用之。需要注意的是，千万不要拿他人的生理缺陷和短处作为幽默的话题，否则，不但不能表现自己的风趣和幽默，反而说明了自己的轻浮与无聊。

4. 说话的禁忌

（1）不要喋喋不休

喋喋不休者就像池塘青蛙，整日鸣叫却不为人注意，有时反而惹得他人心烦意乱。相反雄鸡天亮时的一声啼叫，却一鸣惊人。一个人不可能句句金言，一鸣惊人，但可以做到使自己的说话不给人厌烦感。不必要的重复话是无聊的、乏味的，千万不要随己兴之所至而不顾他人的反应。如果看到对方有厌烦的苗头时，试着换个新话题，以重新唤起对方的兴趣。

（2）不要尖酸刻薄

有些人专门喜欢挑他人的刺，鸡蛋里挑骨头，抓住一点就要讥讽一番，缺乏一种与人为善的精神，于是就成了尖酸刻薄的人，这种人往往树敌很多。在社交活动中，敌人太多总是不利的，久而久之，尖酸刻薄的人总会被抛弃，成为不受欢迎者。

北京某饭店的一位问讯员，每天都要接到若干问讯电话。一次接到驻外地的一位外商打来的长途电话，询问他夫人所住该饭店的房间号，有急事要找。几经翻阅登记簿，未有其人，便如实相告。不料这位外商竟然用不怎么熟练的中国话骂了起来。问讯员感到十分委屈，但考虑到对方可能却有急事，为急宾客之所急，便采取了宽容态度，强忍委屈，继续查找。后来终于知道，原来那位外商的夫人是用不同的姓名登记的。当外商谈完事后，又专门打电话给问讯员表示道歉，请求原谅。可以试想，如果说当时问讯员得理不让人，对外商的无理之举穷追不放，或是采取对骂的方法，那么也许是挽回了面子，至少心理上感到一些平衡，出了一口气，但却会使对方易产生强烈的逆反心理，不但不会承认自己有错，而且也无益于事情的圆满解决。问讯员的做法，维护了自身乃至整个饭店的良好形象。

（3）不要逢人便诉苦

诉苦的对象应该是家人或最亲密的朋友，而不应该是一般的社交对象。人人都喜欢听一些愉快有兴趣的事，而不是你的苦经。

（4）不要自以为是

真正有学问的人，总是谦虚有礼，而井底之蛙常常自高自大，自以为是。在社交场合，有些人说话时总是高谈阔论，以为自己无事不晓，无所不知，似乎自己永远“正确”，这种人往往很难得到他人的欢迎。

二、学会问候

1. 良好的人际关系首先要从“问候”开始

(1)“一声问候”表达出对别人的重视

早上见到熟人要说“早上好”。

向别人请教了工作上的问题后要说“谢谢，您真是帮了我的大忙”。

见到来访客人要说“欢迎”。

不小心撞到别人或做错了事要说“对不起”。

接受别人请客要说“承蒙您款待，谢谢”。

下班回家时，要对还在加班的人说“我先走了”。

(2) 打招呼时要加上对方的名字

如果打招呼时加上对方的名字，说：“××先生，您好”！就等于向对方表明，我是在向你打招呼，收到的效果会特别好，而且对方也有被尊重、被重视的感觉。

小贴士

打招呼的礼节有一个约定俗成的习惯，即男性应先向女性打招呼，年轻男性首先向年老男性打招呼，年轻女性首先向年老女性和比自己年纪大得多的男性打招呼，下级先向上级打招呼。

(3) 最动听的问候

问候语有多种多样，其中最美丽、最动听的就是“谢谢”。不论在哪个国家，只要用当地的语言说上一句“谢谢”，立刻就能见到一张笑容满面的脸。

这些简单的问候语，在人际交往中发挥着润滑剂的作用。

小贴士

社交活动中的常用礼仪语言如下：

初次见面说“久仰”，好久不见说“久违”；
请人批评说“指教”，请人原谅说“包涵”；
请人帮忙说“劳驾”，求给方便说“借光”；
麻烦别人说“打扰”，向人祝贺说“恭喜”；
求人解答用“请问”，请人指点用“赐教”；
托人办事用“拜托”，赞人见解称“高见”；
看望别人用“拜访”，宾客来临说“光临”；
陪伴朋友用“奉陪”，中途先走称“失陪”；
等候客人称“恭候”，请人勿送用“留步”；
对方来信称“惠书”，老人年龄称“高寿”。

2. 回答的技巧

(1) 回答时要考虑对方的感受

别人说“早上好”，也要及时回答一声“早上好”。

别人说“谢谢”，要回答“不客气，不用谢”。

(2) 回答时要看着对方

如果你跟别人说话，对方却背对着你回答，你一定会觉得自己没有受到重视；因此，回答时一定要看着对方。

美国ABC的著名节目主持人芭芭拉·华牧曾说：“我认为全神贯注和我说话的人是可亲近的人。”

(3) 答应一声非常重要

在单位里听到别人叫自己的名字，一定要先答应一声。如不能立刻过去，也要先答应一声，再说“请您稍等一下”。接电话时也应先答应一声，“是的，我是××公司”。一定要养成这个习惯，掌握回答的礼仪非常重要。

小贴士

应答用语的三种形式：

- 肯定式应答语；
- 谦恭式应答语；
- 谅解式应答语。

3. 问候的注意事项

①问候要讲究先后顺序。通常应遵循：年轻者先向年长者问候；男士先向女士问候；下级先向上级问候；学生先向老师问候。

②向他人问候时，往往可以两种形式同时使用，如打招呼与微笑并用，起立与欠身并用。

③问候时应大方、文雅，一般不要在双方相距太远的地方高声叫喊来打招呼，以免妨碍他人。

④向对方问候时，不能嘴里叼着烟卷，双手插在裤袋里。

⑤如遇对方先向自己问候，应及时用恰当的方式回敬，不可视而不见。

⑥问候的语言应有所讲究，千万不能不分场合、地点、时间就问人家“吃了没”“上哪里去”“干什么去”等。

三、善于聆听

聆听既是感性的又是理性的行为。聆听不仅仅是声音进入耳膜，而且要会意、理解并对听到的内容作出反应，要积极地把对方所讲内容听进去。

1. 聆听的意义

聆听别人讲话一方面是出于礼貌的需要，同时还有以下益处。

（1）能更好地了解人和事

人与人之间的交流只有少部分是通过书面进行的，大多数情况下是口头表达。我们期待对方能注意我们所说的话，这样他才会明白他需要做什么。

有一次，卡内基控制的中央交通公司和普尔门公司争夺联合太平洋铁路公司的生意，造成恶性竞争，互相杀价。一天，卡内基碰到普尔门，说：“普尔门先生，我们不是在出洋相吗?”，“这句话怎么讲?”普尔门不解地问。于是，卡内基把合并两家公司的建议以及合并而不竞争的益处，条理清楚地分析给普尔门听。普尔门一边思考一边耐心听着，最后他问：“这个新公司叫什么?”卡内基立即说：“普尔门卧车公司。”普尔门目光一亮。“到我的房间来”，他说，“我们讨论一番。”讨论之后马上合并了两家公司。

（2）能学到更多的东西

我们进行交谈不光是为了表达我们的要求，还为了探讨新的问题。如果我们对某件事情进行研究或探讨，通常会征询别人的意见。倾听别人讲话可以获取大量信息。

（3）能改善工作关系，提高工作效率

因为交流失误而导致行为的偏差，会直接影响双方之间的关系。要让对方满意地说“他听了我的意见，满足了我的需求”，就必须倾听对方的需求，这是非常重要的。

(4) 能使紧张的关系得到缓和

倾听可以增进人们之间的相互关系，避免一些不必要的纠纷。被人误解是很令人沮丧的事情，把握好聆听的技巧能与他人顺畅地沟通，从而建立良好的人际关系。

《成功的人际关系》一书中记述了这样一件事情：一个有志于政坛的人士参加竞选被选上后，他到一法官家中去寻求忠告，这位法官说了这样一段话："以同情和理解的心情倾听别人的话，我认为，这是维持人际关系、维持友谊的最有效方法。不过，现在懂得利用这种'魔术'，使自己成为一个最好的听众的人，实在是少而又少了。"这段话告诉我们，社会中的每个人，每时每刻均在接受或参与评价他人的价值。通过这种评价，决定是否与他人继续保持交往。可见，在社交活动中，说话和听话是社交的两大法宝，说话不妙，会失去朋友；同样，听话有错，也会破坏友谊。在社交场合上应尽量全心全意地倾听他人的说法。首先学会用心去交往，然后再用语言去交往。

2. 提高聆听效率

交流是由说者、听者和交流的主题三要素组成的。好的听者是交流顺利进行的保障。好的听者除了在思想上做好接收信息的准备之外，还必须做到在交流中给讲话人以信心，让讲话人说下去并对所听内容进行及时反馈，以保证讲话内容的正确性，提高聆听效率。

在聆听过程中，应注意以下几点。

(1) 不要戴上"有色眼镜"

你的价值观念、信仰、理解方法、期望和推测都会成为妨碍你聆听对方讲话的"有色眼镜"。不要以自己的意志去判断对方。此时，你应该考虑如何理解和运用讲话人所提供的信息。讲话人的所用言辞以及性别、文化差异等都可能增加你聆听时的难度，他的非语言信号和语调也会成为影响交流的潜在因素。即便讲话人的表达缺乏条理，你也要继续听下去，并尽量控制住自己的反应。此时，你的主要任务是领会谈话人的观点。

(2) 偶尔的提问或提示可以澄清谈话内容，给讲话人以鼓励

澄清问题的方法有：

"我可能没有听懂，你能否再讲具体一点?"

"还有哪些方面需要考虑的呢?"

"你能详细说明一下你刚才所讲的是什么意思吗?"

请注意，这些问题都是为了要求对方提供信息而问的，而不是对谈话人所讲的内容进行评论或评价。

(3) 及时给予反馈

积极聆听的最后一个环节是用自己的语言复述对讲话人所表达的思想与感情的理解，给讲话人以反馈，从而完成聆听的全过程，并告诉他其信息已被听到并理解了。不要只用耳朵听，还要用心去听，耳朵听的同时，大脑要抓紧工作，勤于思考分析，以便能听出弦外之音。如对对方的谈话内容不甚了解，可以用复述的方法提请对方核实、纠正，这样有助于对所说的内容的正确理解。

【知识拓展】

案 例

北京某中职学校机械专业有一批应届毕业生22个人，实习时跟随老师到国家某部属机械加工厂参观。全体学生坐在会议室里等待领导的到来，这时有工作人员给大家倒水，同学们表情木然地看着她忙活，其中一个人还问了句："有绿茶吗？天太热了。"工作人员回答说："抱歉，刚刚用完了。"轮到林晖同学时，他轻声说："谢谢，大热天的，辛苦了。"工作人员抬头看了他一眼，满含着惊奇，虽然这是很普通的客气话，却是她今天听到的唯一一句感谢的话。

门开了，领导走进来和大家打招呼，会议室里却静悄悄的，没有一个人回应。林晖同学左右看了看，犹犹豫豫地鼓了几下掌，同学们这才稀稀落落地跟着拍手，由于掌声不齐，越发显得零乱起来。领导挥了挥手："欢迎同学们到这里来参观。"领导看同学们好像都没有带笔记本，吩咐工作人员去拿一些部里印的纪念手册，送给同学们作纪念。接下来，更尴尬的事情发生了，大家都坐在那里，很随意地用一只手接过领导双手递过来的手册。领导来到林晖面前时，林晖礼貌地站起来，身体微倾，双手接过领导递过来的手册，恭敬地说了一声："谢谢您！"领导闻听此言，不觉眼前一亮，伸手拍了拍林晖同学的肩膀："你叫什么名字？"林晖照实作答，领导微笑点头，回到自己的座位上。汗颜的老师看到此景，微微松了一口气。

两个月后，毕业分配表上，林晖的去向栏里赫然写着国家某部属机械加工厂。

案例分析：

（1）良好的言谈礼仪能为自己的形象加分，而适时的感谢，温馨的问候又是良好的言谈礼仪的基本表现。炎热的夏天，林晖同学的那两声道谢一方面反映了他良好的言谈修养，另一方面也让人感觉到其细心体贴的一面。

（2）良好的举止礼仪同样非常重要。林晖同学在这个面试的过程中，活跃气氛的鼓掌以及良好的站姿和坐姿也为其加了不少分。

（3）修养是第一课，而学习礼仪，运用礼仪，有助于提高个人的修养，有助于"用高尚的精神塑造人"，真正提高个人的文明程度。

【学以致用】

（1）幽默的谈话技巧在社交中有哪些作用？

（2）日常生活中，我们常常用到的问候语有哪些？

（3）回答别人的问候时，有哪些需要注意的地方？

（4）我们为什么要学会聆听？

第三课 举止礼仪

举止是映照每个人自身形象的镜子。

——歌德:《亲和力》

应知导航

(1) 动作礼仪包括哪几个方面?

(2) 何为手姿?其分为哪几类?分别有何标准和要求?

(3) 微笑有哪些要领?

知识探究

日常生活礼仪对人的要求和约束可谓入幽探微、“无微不至”,使我们的生活充满温馨和愉悦。当然,我们不希望在日常生活中成为无所适从、谨小慎微的人,但是我们更不希望成为粗枝大叶、不衫不履的人。

一、动作礼仪

1. 手姿

手势在人际交往中是最有表现力的一种“体态语言”。恰当地运用手势,能够起到良好的沟通作用,也会使自己的形象更美并更有风度。

古罗马政治家西塞马说过:“一切心理活动都伴随有指手画脚等动作,手势恰如人体的一种语言。”法国大画家德拉克洛瓦则指出:“手应当像脸一样富有表情。”他们的话从不同侧面指出了手姿的重要性。

(1) 手姿的定义

手姿,又叫手势。由于手是人体上最灵活自如的一个部位,所以手姿是体态语之中最丰富、最有表现力的。手姿实际所指的,就是人的两只手臂所做的动作。其中,双手的动作是核心所在,它既可以是静态的,也可以是动态的。

一般而言,手姿由进行速度、活动范围和空间轨迹三个部分所构成。在人际交往中,手姿主要被用以发挥表示形象、传达感情两个方面的作用。

艾丽是个热情而敏感的女士，目前在中国某著名房地产公司任副总裁。那一日，她接待了来访的建筑材料公司主管销售的韦经理。韦经理被秘书领进了艾丽的办公室，秘书对艾丽说："艾总，这是××公司的韦经理。"

艾丽离开办公桌，面带笑容，走向韦经理。韦经理先伸出手来，让艾丽握了握。艾丽客气地对他说："很高兴您来为我们公司介绍这些产品。这样吧，让我看一看这些材料，我再和你联系。"韦经理在几分钟内就被艾丽送出了办公室。几天内，韦经理多次打电话，但得到的是秘书的回答："艾总不在。"

到底是什么让艾丽这么反感一个只说了两句话的人呢？艾丽在一次讨论形象的课上提到这件事，余气未消："首次见面，他留给我的印象不但是不懂基本的商业礼仪，他还没有绅士风度。他是一个男人，位置又低于我，怎么能像个王子一样伸出高贵的手让我来握呢？他伸给我的手不但看起来毫无生机，握起来更像一条死鱼，冰冷、松软、毫无热情。当我握他的手时，他的手掌也没有任何反应，我的选择只有感恩戴德地握住他的手，只差要跪吻他的高贵之手了。握手的这几秒钟，他就留给我一个极坏的印象，他的心可能和他的手一样的冰冷。他的手没有让我感到对我的尊重，他对我们的会面也并不重视。作为一个公司的销售经理，居然不懂得基本的握手方式，他显然不是那种经过高度职业训练的人。而公司能够雇用这样素质的人做销售经理，可见公司管理人员的基本素质和层次也不会高。这种素质低下的人组成的管理阶层，怎么会严格遵守商业道德，提供优质且价格合理的建筑材料？我们这样大的房地产公司，怎么能够与这样作坊式的小公司合作？又怎么会让他们为我们提供建材呢？"

（2）手姿的分类

学习手姿，最重要的是要正确掌握和运用下述基本手势。

①垂放，是最基本的手姿，多用于站立时。

做法：一是双手自然下垂，掌心向内，叠放或相握于腹前；二是双手伸直下垂，掌心向内，分别贴放于大腿两侧。

②背手，多见于站立、行走时，既可以显示权威，也可以镇定自己。

做法：双臂伸到身后，双手相握，同时昂首挺胸。

③持物，即用手拿东西，其做法多样，既可以用一只手，又可以用双手。

做法：拿东西时应动作自然，五指并拢，用力均匀。

④鼓掌，是用以表示欢迎、祝贺、支持的一种手姿，多用于会议、演出、比赛或迎候嘉宾。

做法：以右手掌心向下，有节奏地拍击掌心向上的左掌，必要时，应起身站立。

⑤夸奖。这种手姿主要用以表扬他人。

做法：伸出右手，翘起拇指，指尖向上，指腹面向被称道的人。

小贴士

伸出食指手势各国表达的含义是不同的。

在我国以及亚洲一些国家表示"一"、"一个"、"一次"等；在法国、缅甸等国家则表示"请求"、"拜托"之意。在使用这一手势时，一定要注意不要用手指指人，更不能在面对面时用手指着对方的面部和鼻子，这是一种不礼貌的动作，且容易激怒对方。

⑥指示。这是用以引导宾客、指示方向的手姿。

做法：以右手或左手抬至一定的高度，五指并拢，掌心向上，以其肘部为轴，朝一定方向伸出手臂。

（3）手姿的原则

在运用手势时要注意几个原则。

①适量。手势要简约明快，不可繁多，以免喧宾夺主；其次要适度，手势动作幅度大小适度，力度大小适度，速度快慢适度，时间长短适度。手势要优雅自然，规范标准，手势过于拘谨生硬会显得缺乏自信，有损于交际者的形象。

②适势。手势要配合形式、协调一致，即手势与情感协调、与口语协调、与全身协调。

③适人。手势要因人而异，突出个性，不可能千篇一律地要求每个人都做相同的手势动作。

甲、乙、丙三家公司被通知来大华公司进行项目竞标。这个标的金额很大，更重要的是大华公司在业内举足轻重的行业地位，如果能够拿下这个项目，其战略意义不言而喻。

三家公司都做了精心的准备。因为这场角逐中，必须要淘汰其他两家对手。从现场来看，无论是从哪方面来说，三家公司都不相上下，看不出谁是赢家。

第二天，丙公司被通知他们中标了。高兴之余，丙公司问为什么选择了他们。

“说实话，我们确实不好选择，”大华公司市场部经理笑着说，“不过，在各自陈述的时候，你们称呼的是我们公司总经理的姓氏和职务，而且是伸开手掌做的指点动作。另外，两家公司却叫不出姓名，并且用一个手指直接指着我们总经理。试想，我们怎么能选用一家连我们的总经理都不尊重的公司合作呢？”

（4）常见的手姿

①OK 手势。拇指和食指合成一个圆圈，其余三个手指自然伸张。这种手势在西方某些国家比较常见，但要注意在不同的国家其语义有所不同。例如，在美国表示赞扬、允许、满意、顺利；在法国表示零或无；在印度表示正确；在中国表示零或三两个数字；在日本、缅甸、韩国则表示金钱；在巴西则是引诱女人或侮辱男人之意；在地中海的一些国家则是孔或洞的意思，常用来暗示同性恋。

②伸大拇指手势。大拇指向上，在说英语的国家多表示 OK 之意或打车之意；若用力挺直，则含有骂人之意；若大拇指向下，多表示坏、下等人之意。在我国，伸出大拇指这一动作基本上是向上伸表示夸奖或赞许，向下伸表示蔑视、不好之意。

③V 字形手势。伸出食指和中指，掌心向外，其语义主要表示胜利（英语 Victory 的第一个字母），掌心向内，在西欧表示侮辱之意。在中国也表示数字二。

④伸食指手势。在我国以及亚洲一些国家表示一、一次（个）等；在法国、突尼斯等国家则表示请求、拜托之意；在新加坡表示最重要。在使用这一手势时，一定要注意不要用手指指人，更不能在面对面的时候用手指着对方的面部和鼻子，这是一种不礼貌的动作，且容易激怒对方的行为。

2. 站姿

在人际交往中，站立姿势乃是任何一个人的全部仪态的根本之点。“站如松”是说人的

站立姿势要像松树一样端直挺拔。良好的站姿是一种静态美，是培养优美仪态的起点，是发展不同质感动态美的起点和基础。正确健美的站姿会给人以挺拔笔直、舒展大方、精力充沛、积极向上的印象。

(1) 站姿的定义

站立的姿势，称为站姿或立姿，它是指人在停止行动之后，直着自己的身体，双脚着地，或者踏在其他物体之上的姿势。站姿是人们平时所采用的一种静态的身体造型，同时又是其他动态的身体造型的基础和起点。站姿的特点是：端正、挺拔、舒展、俊美。

(2) 站姿的基本要领

两脚跟相靠，脚尖分开45°~60°，身体重心放在两脚上；两腿并拢立直，腰背挺直，挺胸收腹；抬头脖颈挺直，双目向前平视，嘴唇微闭，面带微笑，微收下颌。

公关礼仪人员在工作过程中站立时要注意：端正直立，不要无精打采、耸肩勾背、东倒西歪，不要倚靠在墙上或椅子上；在正式场合，不要将手插在裤袋里或交叉在胸前。

一般性的礼仪工作是站立服务，要求站姿一定合乎规范，这样既能体现出礼仪人员自身的素质，又能反映出服务水平。

优雅高贵的举止或动作的基本功在于姿势。学会优雅的站姿更是成为合格公关礼仪人员的第一步，一定要站出素质，站出魅力。

(3) 站姿的分类

无论何种职业，常用的站姿有5种。

①肃立站姿。

做法：两脚并拢，两膝绷直并严，挺胸抬头，收腹立腰，双臂自然下垂，下颌微收，双目平视。

②体前交叉式。

做法：男性左脚向左横迈一小步，两脚展开，两脚尖与脚跟的距离相等，两脚之间距离小于肩宽为宜，双手在腹前交叉，右手大拇指与四指分开搭在左手腕部，身体重心放在两脚上，腰背挺直，注意不要挺腹或后仰。

女性站成右丁字步，即两脚尖稍稍展开，右脚在前，将右脚跟靠于左脚内侧前端，腿绷直并严，腰背立直，两手在腹前交叉，右手握左手的手指部分，使左手四指不外露，左右手大拇指内收在手心处。

③体后交叉式。

做法：两脚跟并拢，两脚尖展开60°左右，腿绷直，腰背直立，两手在身后交叉，右手搭左手腕部，两手心向上收。

平肩、直颈、下颌微向后收，两眼平视。

双手自然下垂，手臂自然弯曲，双腿要直，膝盖放松，大腿稍收紧。

双脚并齐，两脚跟、脚尖并拢，身体重心落于前脚掌。

伸直背肌，双肩尽量展开微微向后，挺胸。

重心从身体的中心稍向前方，并尽量提高。这样会在视觉上使身体重心上移，显得双腿更加修长。

双脚打开站立或双手环抱胸前的姿势，看起来都不雅观。女性的基本姿势是双脚并齐，脚跟、脚尖并拢。

④体后单背式。

做法：站成左丁字步，即左脚跟靠于右脚内侧中间位置，使两脚尖展开成 90°，身体重心放在两脚上，左手后背半握拳，右手自然下垂。

另外，也可站成右丁字步，即右脚跟靠于左脚内侧中间位置，使两脚尖展开 90°，右手后背半握拳，左手自然下垂。

⑤体前单屈臂式。

做法：右脚内侧贴于左脚跟处（呈丁字步），两脚尖展开 90°，左手臂自然下垂，右臂肘关节屈，右前臂抬至中腹部，右手心向里，手指自然弯曲。

另外，也可以左脚内侧贴于右脚跟处（呈丁字步），两脚尖展开 90°，右手臂自然下垂，左臂肘关节屈，左前臂抬至中腹部，左手心向里，手指自然弯曲，重心放在两脚上。

小贴士

站姿的要领：一是平，即头平正、双肩平、双眼平视；二是直，即腰直、腿直，后脑勺、背、臀、脚后跟成一条直线；三是高，即重心上拔，看起来显得高。

（4）站姿的要求

在学会了基本的站姿之后，在站立时，男性要注意表现出刚健、潇洒、英武、强壮的风采，要力求给人以一种“劲”的壮美感。女性则要注意表现出轻盈、妩媚、娴静、典雅的韵味，要努力给人以一种“静”的优美感。在与人交往时，要特别注意在自己站立时正面面对对象，切不可将自己的背部对着对方。

在日常生活的某些场合，常常有人站着时手足无措，双手不知放在何处才好。站姿可以随着场合进行调整。同别人站着交谈时，如果空着手，可双手在体后交叉，右手放在左手上。若你身上背着挎包，可利用挎包摆出优雅的站姿。向长辈、朋友、同事问候或作介绍时，不论握手或鞠躬，双足应当并立，相距 10cm 左右，膝盖要挺直。等车或等人时，两足的位置可一前一后，保持45°角，肌肉放松而自然，并保持身体的挺直。

（5）不同场合的站姿

①举行仪式。在升国旗、奏国歌、接受奖品、接受接见、致悼词等庄严的仪式场合，应采取严格的标准站姿，而且神情要严肃。

②演说。在发表演说、新闻发言、作报告宣讲时，为了减少身体对腿的压力，减轻由于较长时间站立双腿的疲倦，可以用双手支撑在讲台上，两腿轮流放松。

③主持。主持文艺活动、联欢会时，可以将双腿并拢站立，女士可站成“丁”字步。让站立姿势更加优美。站“丁”字步时，上体前倾，腰背挺直，臀微翘，双腿叠合，玉立于众人前，富于女性魅力。

④服务。门迎、侍应人员往往站的时间很长，双腿可以平分站立，双腿分开不宜超过肩。双手可以交叉或前握垂放于腹前；也可以背后交叉，右手放到左手的掌心上，但要注意收腹。

礼仪小姐的站立，要比门迎、侍应更趋于艺术化，一般可采取立正的姿势或“丁”字步。如双手端执物品时，上手臂应靠近身体两侧，但不必夹紧，下颌微收，面含微笑，给人以优美亲切的感觉。

总之，站的姿势应该是自然、轻松、优美的，不论站立时摆何种姿势，只有脚的姿势及角度和手的位置在变，而身体一定要保持绝对的挺直。

3. 坐姿

坐姿是体态美的主要内容之一。对坐姿的要求是“坐如钟”，即坐相要像钟那样端正稳重。端正优美的坐姿，会给人以文雅稳重、自然大方的美感。

（1）坐姿的定义

坐的姿势，一般称为坐姿，即人在就座以后身体所保持的一种姿势。具体的方法是：人们将自己的臀部置于椅子、凳子、沙发或其他物体之上，以支持自己身体重量，双脚则需放在地上。坐的姿势，从根本上看，应当算是一种静态的姿势。坐姿的特点是：安详、雅致、大方、得体。

> **小贴士**
>
> 《幼仪杂箴》规定：“坐，背直，貌端庄，手拱臆。仰为骄，俯为戚。”

（2）坐姿的基本要领

入座时走到座位前，转身后把右脚向后撤半步，轻稳坐下，然后把右脚与左脚并齐。坐在椅子上，上体自然挺直，头正，表情自然亲切，目光柔和平视，嘴微闭，两肩平正放松，两臂自然弯曲放在膝上，也可以放在椅子或沙发扶手上，掌心向下，两脚平落地面。起立时右脚先往后收半步然后站起。

一般来说，在正式社交场合，要求男性在坐下时两腿之间可有一拳的距离，女性在坐下时两腿并拢无空隙。入座后应两腿自然弯曲，两脚平落地面，不宜前伸。在日常交往场合，男性入座后可以跷腿，但不可跷得过高或抖动；女性入座后大腿并拢，小腿交叉，但不宜向前伸直。如女性着裙装，应养成习惯在就座前从后面抚顺再坐下。根据不同的场合和不同的座位，坐的位置可前可后，但上身一定要保持直立。

（3）坐姿的分类

最为常用的坐姿有 8 种。

①正襟危坐式。其被称为最基本的坐姿，适用于最正规的场合。

做法：上身与大腿、大腿与小腿成直角，小腿垂直于地面，双膝双脚完全并拢。

②垂腿开膝式。多为男性所使用，也较为正规。

做法：上身与大腿、大腿与小腿成直角，小腿垂直地面。双膝分开，但不得超过肩宽。

③双腿叠放式。适合穿短裙子的女士采用（或处于身份地位高的场合）。造型极为优雅，给人一种大方高贵之感。

做法：将双腿完全地一上一下交叠在一起，交叠后的两腿之间没有任何缝隙，犹如一条直线。双腿斜放于左侧或右侧，斜放后的腿部与地面呈 45°夹角。

④双腿斜放式。适用于穿裙子的女性在较低处就座使用。

做法：双膝先并拢，然后双脚向左或向右斜放，力求使斜放后的腿部与地面呈 45°角。

⑤双脚交叉式。它适用于各种场合，男女皆可选用。

做法：双膝先要并拢，然后双脚在踝部交叉。交叉后的双脚可以内收，也可以斜放，但不宜向前方远远直伸出去。

⑥双脚内收式。适合一般场合采用，男女皆宜。

做法：两大腿首先并拢，双膝略打开，两条小腿分开后向内侧屈回。

⑦前伸后屈式。女性适用的一种优美的坐姿。

做法：大腿并紧之后，向前伸出一条腿，并将另一条腿屈后，两脚脚掌着地，双脚前后要保持在同一条直线上。

⑧大腿叠放式。多适用男性在非正式场合采用。

做法：两条腿在大腿部分叠放在一起。叠放之后位于下方的一条腿垂直于地面，脚掌着地。位于上方的另一条腿的小腿则向内收，同时脚尖自然朝下。

（4）不同场合的坐姿

①正式场合。谈判和会谈的场合一般比较严肃，适合正襟危坐，但不要过于僵硬。要求上体正直，端坐于椅子中部，注意不要使全身的重量只落于臀部，双手放在桌上、腿上均可。双脚为标准坐姿的摆放。

②非正式场合。在比较轻松、随便的非正式场合，可以坐得轻松、自然一些。全身肌肉可以适当放松，可不时变换坐姿，以作休息。

③其他场合。倾听他人教导、知识传授、指点时，对方是长者、尊者、贵客，坐姿除了要端正外，还应坐在座椅、沙发的前半部或边缘，身体稍向前倾，表现出一种谦虚、迎合，重视对方的态度。

（5）坐姿的要求

为使坐姿更加正确优美，应该注意：入座要轻柔和缓，起立要端庄稳重，不可弄得坐椅乱响；就座时不可以扭扭歪歪，两腿过于叉开；不可以高跷起二郎腿，若跷腿时悬空的脚尖应朝下，切忌脚尖朝天；坐下后不要随意挪动椅子，腿脚不停地抖动；女士着裙装入座时，应用手将裙装稍稍拢一下，不要坐下后再站起来整理衣服；正式场合与人会面时，不要一开始就靠在椅背上；就座时，一般应只坐满椅子的三分之二，不可坐满椅子，也不要坐在椅子边上过分前倾；沙发椅的座位深广，坐下来时不要太靠里面。

4. 行姿

对行姿的要求虽不一定非要做到古人所要求的“行如风”，至少也要做到不慌不忙，稳重大方。当然，不同情况对行姿的要求是不同的。一般来说，标准的行走姿势，要以端正的站立姿态为基础。

（1）行姿的定义

行姿，指的是一个人在行走之时所采取的具体姿势。在很多时候，行姿又称为走姿，它以人的站姿为基础，实际上属于站姿的延续动作。与其他姿势所不同的是，行姿自始至终都处于动态之中，它体现的是人类的运动之美和精神风貌。

小贴士

《千字文》规定：“矩步引领，俯仰朝后，束代矜庄，徘徊瞻眺。”

一般来说，标准的行走姿势，要以端正的站立姿态为基础。女性行姿特点是：轻松、敏捷、健美。男性行姿特点是：协调、稳健、庄重、刚毅。

（2）行姿的基本要领

双目向前平视，面带微笑微收下颌。上身挺直，头正、挺胸收腹，重心稍前倾。手臂伸直放松，手指自然弯曲，摆时要以肩关节为轴，上臂带动前臂向前，手臂要摆直线，肘关节略屈，前臂不要向上甩动，向后摆动时，手臂外开不超过30°，前后摆的幅度为30～40cm。

走路时姿势美不美，是由步度和步位决定的。步度是指行走时两腿之间的距离。步度的一般标准是一脚踩出落地后，脚跟离未踩出一脚脚尖的距离恰好等于自己的脚长。身高超过1.75m以上的人的步度约是一脚半长。步位是指脚下落到地上时的位置。走路时最好的步位是：两只脚所踩的是一条直线而不是两条平行线。

走路应用腰力，要有韵律感。如果走路时腰部松懈，会让人感觉不精神、不美观；如果拖着脚走路，更显得没有朝气，十分难看。优雅的步姿有几句口诀：“以胸领动肩轴摆，提髋提膝小腿迈，跟落掌接趾推送，双眼平视背放松。”走路的美感产生于下肢的频繁运动与上体稳定之间所形成的和谐对比，以及身体的平衡对称，还要做到出步和落地时脚尖都正对前方，抬头挺胸，迈步向前。

（3）行姿的分类

常见的走姿有以下几种：一字步、随意步、舞台步、旗袍步、时装步、体操步等。在礼仪工作中常见的走姿是一字步。

做法：行走时两脚内侧在一条直线上，两膝内侧相碰，收腰提臀，挺胸收腹，肩外展，头正颈直微收下颌。速度为每分钟125～130步。步度标准每一步为自己一脚长或1.5个脚长。

（4）不同场合的行姿

在不同的场合采取不同的走姿才不会有失礼之处。《尔雅·释宫》“室中谓之时，堂上谓之行，堂下谓之步，门外谓之趋，中庭谓之走，大路谓之奔。”具体场合的走姿表现为：

参加喜庆活动，步态应轻盈、欢快，有跳跃感，以反映喜悦的心情；

参加吊丧活动，步态要缓慢、沉重，有忧伤感，以反映悲伤的情绪；

参加展览、探望病人，环境安谧，不宜出声响，脚步应轻柔；

进入办公场所，登门拜访，在室内这种特殊场所，脚步应轻而稳；

走入会场、走向话筒、迎向宾客，步伐要稳健、大方，充满热情；

举行婚礼、迎接外宾等重大正式场合，脚步要稳健，节奏稍缓；

办事联络，往来于各部门之间，步伐要快捷而沉稳，以体现办事者的效率与干练；

陪同来宾参观，要照顾来宾行走速度，并善于引路。

(5) 行姿的要求

行走时最忌步态不雅，走成内八字或外八字；不要弯腰驼背、歪肩晃膀；不要步子太大或太碎，更不能奔来跑去；走路时不要大甩手、扭腰摆臂、左顾右盼；不要双腿过于弯曲，走路不成直线；不要脚蹭地面；不要横冲直撞，行进中一定要目中有人，尽量少在人群中穿行；不要双手插裤兜；不要阻挡道路，多人一起行走不要排成横队。

5. 蹲姿

在正式场合中，蹲姿是取放物品、捡拾落在地上的物品或合影位于前排是不得已而为之的动作。作为一位具有礼仪修养的人士，随意弯腰蹲下的姿势是不合适的。

(1) 蹲姿的基本要领

首先，下蹲时，上身挺直，两腿合力支撑身体，避免滑到；其次，下蹲时，应使头、胸、膝关节在一个角度上，使蹲姿优美；最后，女士无论采取哪种蹲姿，都应屈膝并腿，将腿靠紧，臀部向下。

(2) 蹲姿的分类

①交叉式蹲姿

在实际生活中常常会用到蹲姿，如集体合影前排需要蹲下时，女士可采用交叉式蹲姿，下蹲时右脚在前，左脚在后，右小腿垂直于地面，全脚着地；左膝由后面伸向右侧，左脚跟抬起，脚掌着地；两腿靠紧，合力支撑身体；臀部向下，上身稍前倾。

②高低式蹲姿

蹲时右脚在前，左脚稍后，两腿靠紧向下蹲；右脚全脚着地，小腿基本垂直于地面，左脚脚跟提起，脚掌着地；左膝低于右膝，左膝内侧靠于右小腿内侧，形成右膝高左膝低的姿态，臀部向下，基本上以左腿支撑身体。

(3) 蹲姿的要求

弯腰捡拾物品时，两腿叉开，臀部向后撅起，是不雅观的姿态。两腿展开平衡下蹲，其姿态也不优雅。

下蹲时注意内衣“不可以露，不可以透”。

蹲姿三要点：迅速、美观、大方。若用右手捡东西，可以先走到东西的左边，右脚向后退半步后再蹲下来。脊背保持挺直，臀部一定要蹲下来，避免弯腰翘臀的姿势。男士两腿间可留有适当的缝隙，女士则要两腿并紧，穿旗袍或短裙时需更加留意，以免尴尬。

二、表情神态礼仪

表情神态，泛指一个人面部所呈现出来的具体形态。所谓表情，指的是人通过面部形态变化所表达的内心的思想感情。所谓神态，则是指在人的面部所表现出来的神情态度。在一般情况下，两者往往是通用的，它们所指的实际上主要是人在脸上所表现出来的态度变化。

据专家研究分析，健康的表情在对方的心中印象是十分深刻的，它属于给人的第一印象。在给人的印象中，各种刺激所占的百分比是：视觉印象占75%，包括表情、态度，特别是微笑；谈吐印象占19%，包括谈吐文雅、使用敬语、有文化教养等；嗅觉印象占3%，包括芳香、舒畅等；触觉印象占3%，包括和谐、温暖的综合性多方面感觉。健康的表情留给人们的印象是深刻的，它是优雅风度的重要组成部分。

> **小贴士**
>
> 现代心理学家总结了一个公式：感情的表达＝言语（7%）＋声音（38%）＋表情（55%）。可见表情在人与人之间的沟通上占有相当重要的位置。

表情礼仪主要探讨的是目光、笑容两方面的问题，总的要求是：要理解表情，把握表情，在交往场合努力使自己的表情热情、友好、轻松、自然。

1. 目光

眼睛是心灵之窗，它能如实地反映出人的喜怒哀乐。有的人在与陌生人交往时，要么不敢对视对方，要么死盯住对方，这都是不礼貌的。良好的交际目光应是坦然、亲切、和蔼、有神的，做到这一点的要领是：放松精神，把自己的目光放虚一些，不要聚焦在对方脸上的某个部位，而是好像在用自己的目光笼罩住对面的整个人。

> **小贴士**
>
> 运用眼神的要求：
>
> · 注视的部位；
>
> · 注视的角度；
>
> · 兼顾多方。

在整个交谈过程中，目光接触对方脸部的时间约占全部谈话时间的30%～60%，超过这一平均值，可认为对谈话者本人比谈话内容更感兴趣；低于平均值，则表示对谈话内容和谈话者本人都不怎么感兴趣。不难想象，如果谈话时心不在焉、东张西望，或者由于紧张、羞怯不敢正视对方，目光注视的时间不到谈话的1/3，这样的谈话，必然难以被人接受和信任。当然，还必须考虑到文化的差异，如南欧人注视对方会被认为是对对方占有空间或势力范围的侵犯。

目光是富有表现力的一种“体态语”，适当地运用能给交往带来好的作用，否则会带来误解。那类斜视、瞟视、瞥视的眼神少用为好。泰戈尔曾说过，一旦学会了眼睛的语言，表情的变化将是无穷无尽的。

2. 笑容

（1）笑的概述

笑容，指的是人的含笑的面容，也指人在含笑时的神情，有时，人们也称之为笑貌或笑脸。

笑有多种，常见的有微笑、欢笑、大笑、狂笑、苦笑、奸笑、傻笑、冷笑等。微笑是社交场合中，最富有吸引力、最有价值的面部表情。客观存在表现着人际关系中友善、诚信、谦恭、和蔼融洽等最为美好的感情因素。在各种场合恰当地运用微笑，可以起到传递情感、沟通心灵、征服对方的积极心理效应。微笑是自信的象征，是礼貌的表示，是心理健康的标志。

美国希尔顿酒店的事业一向兴旺发达，秘诀就在于它一向要求全体从业人员微笑服务。有鉴于此，在许多国家的服务行业中，在对从业人员进行岗前培训时，微笑便被列为重要的培训科目之一。

美国“旅馆大王”希尔顿实行微笑服务这一独创的经营策略。每天他对服务员的第一句话是：“你对顾客微笑了没有？”他要求每个员工不论如何辛苦，都要对顾客报以微笑，即使在旅店业务受到经济萧条的严重影响的时候，他也经常提醒职工记住：“万万不可把我们心里的愁云摆在脸上，无论旅馆本身遭受的困难如何，希尔顿旅馆服务员脸上的微笑永远是属于旅客的阳光。”因此，在经济危机中幸存的20%旅馆中，只有希尔顿旅馆服务员的脸上带着微笑。当经济萧条刚过，希尔顿旅馆就率先进入新的繁荣时期，跨入黄金时代。

科学研究发现，笑是一种化学刺激反应，它能激发人体各个器官，尤其是激发头脑和内分泌系统活动。

（2）掌握微笑的要点

怎样才能正确地运用好微笑？主要做到以下几点。

①掌握微笑的要领。微笑的主要特征是：面含笑意，但笑容不甚显著。一般情况之下，人在微笑之时，是不闻其笑声，不见其牙齿的。

微笑的基本方法是：首先要放松自己的面部肌肉；然后使自己的嘴角微微向上翘起，让嘴唇略呈弧形；最后在不牵动鼻子、不发出笑声、不露出牙齿尤其是不露出牙龈的前提下，轻轻一笑。

小贴士

美国有一个城市被称为微笑之都，它就是爱达荷州的波卡特洛市。该市通过一项法令，该法令规定全体市民不得愁眉苦脸或拉长面孔，否则违者将被送到“笑容遣送站”去学习微笑，直到学会微笑为止。波卡特洛市每年都举办一次“微笑节”。

②注意整体配合。微笑其实也是人的面部各部位的综合运动，应重视其整体的协调配合。通常，当一个人在微笑时，应当目光柔和发亮，双眼略微睁大；眉头自然舒展，眉毛微微向上扬起。还应避免耸动自己的鼻子与耳朵。

③力求表里如一。真正的微笑，具有丰富而有力度的内涵，它应当渗透着一定的情感，这样的微笑，才真正具有感染力，这就是所谓笑中有情，以笑传情。

飞机起飞前，一位乘客请求空姐给他倒一杯水吃药。空姐答应他在飞机平稳飞行后，立即把水送给他。20分钟后，飞机早已进入平稳飞行状态，但是由于太忙，空姐忘记了给那位乘客倒水。果然，乘客服务铃急促地响起来，正是先前那位要水的乘客。空姐小心翼翼地将水送到那位乘客面前，面带微笑地说：“先生，由于我的工作失误延误了您吃药的时间，我向您道歉。”

“有你这样服务的吗？我要投诉你！”这位乘客非常生气。

在接下来的飞行途中，为了补偿自己的过失，空姐在经过客舱时，都会特意在那位乘客身边停下来，面带微笑地询问他需要什么服务。

在飞机快要降落时，那位乘客要求空姐将留言簿给他送过去，看来，他还没有原谅空姐。空姐二话没说把留言簿递到他的面前，依旧面带微笑地说：“先生，请允许我再次向您表示真诚的歉意，无论您提出什么意见，我都将欣然接受您的批评。”

那位乘客犹豫了一下，但还是在本子上写了一段话。

等所有乘客都离开飞机后，空姐打开了留言簿，她想看看那位乘客对自己的批评。然而，令她吃惊的是，留言簿上根本不是什么投诉信，而是一封表扬信。信中有一段话：“在整个飞行过程中，你表现出的真诚歉意，特别是你的 12 次微笑，深深地打动了我，从而使我最终改变主意。没有谁不会犯错误，正是因为你在犯错误后的优良表现让我看到了自己的自私和偏执。你是优秀的，而我却很渺小。”空姐再一次开心地笑了。

真正的微笑，还应当体现着一个人内心深处的真、善、美，表现自己心灵之美的微笑，才会有助于服务双方的彼此沟通与心理距离的缩短。

真正的微笑，还应当是一种内心活动的自然流露，它来自人的内心深处，而且绝无任何外来的包装或修饰。

（3）笑的禁忌

真诚、合适的笑容能够为我们的社交活动添光加彩，使我们的商务努力事半功倍，但是一些不合适的笑容同样也能使我们在社交活动中陷入尴尬、窘迫，甚至被人厌烦。因此，在正式社交场合中，应力戒下述表现：

①假笑。笑得虚假，皮笑肉不笑。他有悖于笑的真实性原则，是毫无价值可言的。

②冷笑。含有怒意、讽刺、不满、无可奈何、不屑、不以为然等意味的笑。这种笑，非常容易使人产生敌意。

③怪笑。笑得怪里怪气，令人心里发麻。它多含有恐吓、嘲讽之意，令人十分反感。

④媚笑。即有意讨好别人的笑。它并非发自内心，而是来自一定的功利性目的。

⑤窃笑。即偷偷地笑。多表示扬扬得意、幸灾乐祸或看他人的笑话。

⑥怯笑。即害羞或怯场的笑。例如，笑的时候，以手掌遮掩口部，不敢与他人交流视线，甚至还会面红耳赤，语无伦次。

⑦狞笑。即笑时面容凶恶。多表示愤怒、惊恐、吓唬他人。此种笑容毫无美感可言。

【知识拓展】

案　例

1960 年 9 月，尼克松和肯尼迪在全美的电视观众面前，举行他们竞选总统的第一次辩论。当时，两个人的名望和才能大体上相当，但当时大多数评论员预料，尼克松素以经验丰富的“电视演员”著称，可以击败比他缺乏电视演讲经验的肯尼迪。但事实并非如此。为什么呢？肯尼迪事先进行了练习和彩排，还专门到海滩晒太阳，养精蓄锐。结果，他在屏幕上出现时，精神焕发，满面红光，表现得很潇洒；而尼克松没听从电视导演的规劝，加之那一阵十分劳累，更失策的是面部化妆用了深色的粉，因而在屏幕上显得精神疲惫，表情痛苦，声嘶力竭。正如一位历史学家所形容：“他让全世界看来，好像是一个不爱刮胡子和出汗过多的人带着忧郁感等待着电视广告告诉他怎样才不会失礼。”正是仪容仪表上的差异和对比，帮助肯尼迪取胜，使竞选的结果出人意料。

案例分析：

1. 由上可见，仪容仪表的作用是很大的，不可忽视。注重仪表和形象的修饰是热爱生活、尊重他人的表现。人际关系中一个注意仪表和形象修饰的人往往能使自己的形象变得更加完美、更具魅力，也能赢得更多的朋友，连总统也不例外。

2. 在人际交往中，人们根据社会角色的需要，适当修正自己的交际行为，也能赢得公众的支持。但作为总统这个角色，在某种意义上说是国家的象征，因而他的言谈举止为万人所瞩目，如果过于忽视，别人就不会正确地判断你和你的国家。肯尼迪根据社会角色的需要，选用最佳的形象赢得选民的支持，从而取得了最终的胜利。

【学以致用】

（1）为什么在人际交往中需要多一点微笑？怎样才能做到恰到好处的微笑？

（2）请检查自己在站姿、坐姿、行姿等方面是否正确？找出自己的不足并加以纠正。

（3）站姿训练。

①靠墙站立，要求后脚跟、小腿、臀、双肩、后脑勺都紧贴墙，每次训练20分钟左右，每天一次。

②在头顶放一本书站立，这样会促使人把颈部挺直，下巴向内收，上身挺直，每天训练20分钟左右，每天一次。

（4）坐姿训练。按坐姿基本要领，着重脚、腿、腹、胸、头、手部位的训练，可以配舒缓、优美的音乐，以减轻疲劳，每天训练20分钟左右。

（5）行姿训练。在地面上画一条直线，行走时双脚内侧踩在线上。若稍稍碰到这条线，即证明走路时两只脚几乎是在一条直线上。训练时配上行进音乐，音乐节奏为每分钟60拍。

（6）目光训练。以下两种方法坚持天天训练，不要间断，必使目光明亮有神。

①点上一支蜡烛，视点集中在蜡烛火苗上，并随其摆动，坚持训练可达目光集中、有神，眼球转动灵活。

②追逐鸽子飞翔可使目光有神。

（7）微笑训练。

①情绪记忆法，即将自己生活中最高兴的事件储存在记忆中，当需要微笑时，可以想起那件最使你兴奋的事件，脸上会流露出笑容。注意练微笑时，要使双颊肌肉用力向上抬，嘴里念“一”音，用力抬高口角两端，注意下唇不要过分用力。

②对着镜子，做最使自己满意的表情，到离开镜子时也不要改变它。

③当一个人独处时，深呼吸、唱歌或听愉快的歌曲，忘掉自我和一切的烦恼，让心中充满爱意。

开篇寄语

随着社会的进步和文明的发展，人们的社会交往日益频繁。在全球化的21世纪，个人要想取得人生事业的成功，必须具备两种素质：一种是合乎礼仪的形象，另一种是合乎形象的礼仪。礼仪像一只气垫，里面可能什么都没有，但却能奇妙地减少颠簸。社交礼仪作为联系、沟通、交往的纽带和桥梁，显得更加重要。遵循社交礼仪，交际应酬就会得心应手、游刃有余，生活也会变得更加和谐、顺畅；违背或偏离社交礼仪，往往会事与愿违，事倍功半。

社交礼仪篇

——建立一个和谐的人际交往圈

第一课 宴会礼仪

在宴席上最让人开胃的就是主人的礼节。

——莎士比亚

【应知导航】

(1) 宴请客人时应注意哪些礼仪?

(2) 吃西餐的礼仪有哪些?

(3) 谈谈赴宴应注意的礼仪。

【知识探究】

宴会是在社交活动中，尤其是在商务场合中表示欢迎、庆贺、饯行、答谢的方式，是增进友谊和融洽气氛的重要手段。招待宴请活动的形式多样，礼仪繁杂，掌握其礼仪规范是十分重要的。

一、宴请礼仪

1. 宴请的形式

国际上通用的宴请形式有四种：宴会、招待会、茶会和工作进餐。每种形式均有特定的规格和要求。

(1) 宴会

宴会是指比较正式、隆重的设宴招待，宾主在一起饮酒、吃饭的聚会。宴会是正餐，出席者按主人安排的席位入座进餐，由服务员按专门设计的菜单依次上菜。按其规格又有国宴、正式宴会、便宴和家宴之分。

①国宴。国宴特指国家元首或政府首脑为国家庆典或为外国元首、政府首脑来访而举行的正式宴会，是宴会中规格最高的。按规定，举行国宴的宴会厅内应悬挂两国国旗，安排乐队演奏两国国歌及席间乐，席间主宾双方有致辞、祝酒。

②正式宴会。正式宴会除不挂国旗、不奏国歌及出席规格有差异外，其余的安排大体与国宴相同。有时也要安排乐队奏席间乐，宾主均按身份排位就座。许多国家对正式宴会

十分讲究排场，对餐具、酒水、菜肴的道数及上菜程序均有严格规定。

③便宴。便宴是一种非正式宴会，常见的有午宴、晚宴，有时也有早宴。便宴的最大特点是简便、灵活，可不排席位、不作正式讲话，菜肴也可丰可俭。有时还可以采取自助餐形式，自由取餐，可以自由行动，更显亲切随和。

④家宴。家宴即在家中设便宴招待客人。西方人士喜欢采取这种形式待客，以示亲切，且常用自助餐方式。西方家宴的菜肴往往远不及中国餐之丰盛，但由于通常由主妇亲自掌勺，家人共同招待，因而具有亲切、友好的气氛。

（2）招待会

招待会是指一些不备正餐的宴请形式。一般备有食品和酒水饮料，不排固定席位，宾主活动不拘形式。

①冷餐会。冷餐会这种宴请形式的特点是不排席位，菜肴以冷食为主，也可冷、热兼备，连同餐具一起陈设在餐桌上，供客人自取。客人可多次取用食品，站立进餐，自由活动，边谈边用。冷餐会的地点可在室内，也可在室外花园里。对年老、体弱者，要准备桌椅，并由服务人员招待。冷餐会适宜于招待人数众多的宾客。我国举行大型冷餐招待会，往往用大圆桌，设座椅，主桌安排座位，其余各席并不固定座位，食品和饮料均事先放置于桌上，招待会开始后，自行进餐。

②酒会。酒会又称鸡尾酒会，较为活泼，便于广泛交谈接触。招待品以酒水为主，略备小吃，不设座椅，仅置小桌或茶几，以便客人随意走动。酒会举行的时间也较灵活，中午、下午、晚上均可。请柬上一般均注明酒会起止时间，客人可在此间任何时候入席、退席，来去自由，不受约束。鸡尾酒是用多种酒配成的混合饮料，酒会上不一定都用鸡尾酒。通常鸡尾酒会备置多种酒品、果料，但不用或少用烈性酒。饮料和食品由服务员托盘端送，亦有部分放置桌上。近年来国际上举办大型活动广泛采用酒会形式招待。自1980年起我国国庆招待会也改用酒会这种形式。

（3）茶会

茶会是一种更为简便的招待形式，它一般在西方人早、午茶时间（上午10时、下午4时左右）举行，地点常设在客厅，厅内设茶几、座椅，不排席位，如为贵宾举行的茶会，入座时应有意识地安排主宾与主人坐在一起，其他出席者随意就座。茶会顾名思义就是请客人品茶，故对茶叶、茶具及递茶均有规定和讲究，以体现该国的茶文化。茶具一般用陶瓷器皿，不用玻璃杯，也不用热水瓶代替茶壶。外国人一般用红茶，略备点心、小吃，也有不用茶而用咖啡的。

（4）工作进餐

工作进餐是又一种非正式宴请形式。按用餐时间分为工作早餐、工作午餐、工作晚餐，主客双方可利用进餐时间，边吃边谈问题。我国现在也开始广泛使用这种形式于外事工作中。它的用餐多以快餐分食的形式，既简便、快速，又卫生。此类活动一般不请配偶，因它多与工作有关。双边工作进餐往往以长桌安排席位，其座位与会谈桌座位排列相仿，便于主宾双方交谈、磋商。

2. 宴请者礼仪

成功的宴请需要成功地组织。一般来说，宴请的组织工作主要包括以下方面。

(1) 确定宴请的目的、对象、范围与形式

宴请的目的多种多样，既可以为某人，也可以为某件事。例如，为某人、某团赴约谈判，为展览会、展销会和订货会的开幕、闭幕，为某工程的破土与竣工等；在商务谈判中，为双方合作的开始或合作的成功或为谈判中某环节、某阶段的问题等。总之，目的需要明确。

宴请对象主要是依据主客双方的身份，即主宾双方身份要对等。宴请范围是指请哪方面人士，哪一级别，请多少人，主人一方请什么人作陪，这要考虑宴请的性质、主宾身份、惯例等多方面因素，不能只顾一面。邀请确定后，就可草拟具体邀请名单。采用何种形式，很大程度上取决于习惯做法，根据习惯和需要选择宴请形式。目前，各种谈判交际活动中的宴请工作都在简化，范围趋向偏小，形式更加简便，酒会、冷餐会被广泛采用。

(2) 确定宴请的时间、地点

宴请的时间对主、宾双方都应适宜。一般不要选择对方的重大节假日、有重要活动或有禁忌的日子。商务谈判中，宴请时应先征求对方的意见，当面口头约定较方便，也可用电话联系。一般正式的、隆重的宴请活动宴请地点安排在高级宾馆大厦内，其他可按宴请的性质、规模大小、形式以及主人意愿和实际情况而定，原则上选定的场所要能容纳全体人员。

(3) 发出邀请及请柬格式

①发出邀请。各种宴请活动，一般都发请柬，这既是礼貌，也是提醒客人备忘之用。请柬一般提前一到两周发出，如有特殊情况还需要再提前，以便被邀请人及早安排。请柬的内容包括活动形式，举行的时间、地点和主人的姓名。请柬行文不加标点，所提到的人名、单位名、节目名等都应用全称。中文请柬行文中不提被邀请人姓名，其姓名写在请柬封面上，请柬可以印刷也可以手写，但手写字迹要美观清晰。请柬信封上被邀请人的姓名、职务要书写准确。

> **小贴士**
>
> 国际上习惯对夫妇两人发一张请柬，而我国如遇需凭请柬入场的场合则每人一张。正式宴会，最好能在发请柬之前排好席次，并在信封下角注上席次号。请柬发出后，应及时落实出席情况，准确记载，以便调整席位。

请柬一般提前一周至二周发出。已经口头约妥的活动，仍应补送请柬，在请柬右上方或下方注上“备忘”（英文为 to remind）。需安排座位的宴请活动，应要求被邀者答复能否出席，请柬上一般注上“请答复”（英文为 R. S. V. P. ）并注明联系电话。也可通过电话询问能否出席。

②请柬格式。

正式宴会请柬：

为×××先生谨订于××××年×月×日（星期×）晚×时在××宾馆××楼举行宴会
　　敬请光临

普通请柬：

谨订于××××年×月×日（星期×）晚×时在××饭店举行宴会
　　敬请光临
　　敬请回复×××
电话：×××××××（主人姓名）

英文请柬（邀请参加活动的正式请柬）：

On the occasion of 45th anniversary of the founding of the People' s Republic of China Zhejiang Provincial People's Government requests the pleasure of your company at a National Day reception 29th September (Thursday), 1994 at 6: 00 p. m. In the Banquet Hall, Villa 1, Xizi Guest Hotel.

R. S. V. P.

Tel：×××××××

Dress：Formal

为庆祝中华人民共和国成立45周年谨订于1994年9月29日（星期四）晚6时在西子宾馆一号楼宴会厅举行国庆招待会，敬请光临，浙江省人民政府。

注：左下角“R. S. V. P.”表示请回复，“Dress：Formal”表示请着礼服，右下角为联系电话。

英文请柬（邀请参加活动的非正式请柬）：

Mr. Zhong Hua requests the pleasure of the company of miss Li Ling at a tea party in the Staff Restaurant of the Hangzhou University on Monday, September 21th, 1995 from20: 00 to 21: 00

钟华先生定于1995年9月21日（星期四）晚8时至9时在杭州大学教工餐厅举行茶会，敬请李铃小姐光临。

（4）订菜

宴请的酒菜根据宴请形式、规格及规定的预算标准而定。选菜不以主人的爱好为准，主要考虑主宾的爱好与禁忌。如果宴会上有个别人有特殊要求，也可以单独为其上菜。无论哪种宴请，事先都应列菜单，并征求主管负责人的同意。宴请的菜肴一般都较丰盛。

小贴士

点菜时要注意：
- 宗教禁忌；
- 地方禁忌；
- 职业禁忌；
- 个人禁忌。

（5）席位安排

正式宴会，一般都事先安排座次，以便参加宴会者入席时井然有序，同时也是对客人的一种礼貌。非正式的宴会不必提前安排座次，但通常就座也要有上下之分。安排座位时应考虑以下几点。

①以主人的位置为中心。如有女主人参加，则以主人和女主人为中心，以靠近主人者

为上，依次排列。

②要把主宾和主宾夫人安排在最主要的位置。通常是以右为上，即主人的右手是最主要的位置。离门最远的、面对着门的位置是上座，离门最近的、背对着门的位置是下座，上座的右边是第二号位，左边是第三号位，依次类推。

③在遵从礼宾次序的前提下，尽可能使相邻者便于交谈。

④主人方面的陪客应尽可能插在客人之间，以便与客人交谈。

中餐座位的排法如下图所示。

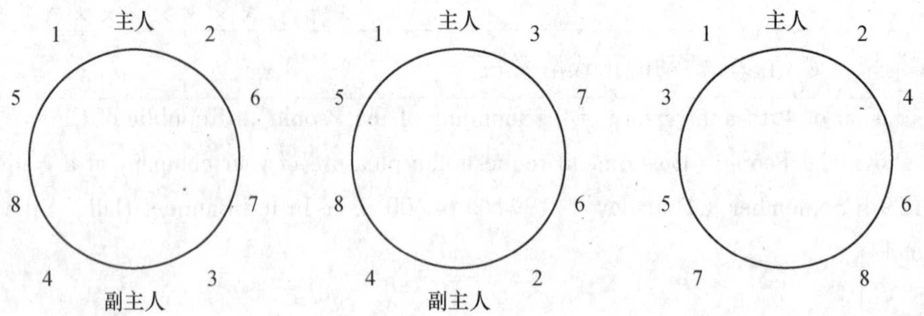

(6) 现场布置

宴会厅、休息厅的布置取决于活动的形式、性质。官方的和其他正式的活动场所的布置应严肃、庄重、大方，不要用彩灯、霓虹灯装饰，可以少量点缀鲜花、刻花等。宴会上可用圆桌、长桌或方桌。桌子之间距离要适当，各个座位之间距离要相等。冷餐会常用方桌靠四周陈设，也可根据情况摆在房间中间。座位要略多于全体人数，以便客人自由就座。酒会一般摆小圆桌或茶几，以便放花瓶、烟灰缸、干果、小吃等，也可在四周设些椅子供妇女和年迈体弱者用。

(7) 餐具的准备

总地来说，应根据宴会的人数、菜的道数准备足够的餐具。餐桌上一切用品要清洁卫生。桌布、餐巾都应浆洗洁净熨平。各种器皿、筷子、刀叉等都要预先洗净擦亮，如果是宴会，还应备好每道菜撤换用的菜盘。

(8) 宴请程序及现场工作

主人一般在门口迎接客人，与客人握手后，由工作人员引导客人到休息厅，无休息厅可直接入宴会厅，但不入座。休息厅内应有相应身份的人员照料客人，由招待人员送饮料给客人。主宾到达后，由主人陪同进入休息厅与其他客人见面。如其他客人尚未到齐，可由其他迎宾人员代表主人在门口迎接。主人陪同主宾进入宴会厅，全体客人就座，宴会即开始。吃完水果，主人与主宾起立，宴会即告结束。主宾告辞，主人送至门口，主宾离去后，原迎宾人员顺序排列，与其他客人握别。

3. 赴宴者礼仪

赴宴即参加宴请。和宴请宾客一样，在大型谈判交际活动中赴宴也同样具有重要的作用，因而有必要了解参加宴请的一些礼仪。

①应邀。接到宴会的邀请后，要根据邀请方的具体要求，尽早、尽快地答复对方能否

出席，以便主人安排。答复对方时可打电话，也可复以便函。在接受邀请之后，不要随意改动。万一由于特殊情况不能出席，尤其是主宾应及早向主人解释、道歉。应邀出席一项活动之前，要核实宴请的主人，活动举办的时间、地点，是否邀请了配偶，以及主人对服装的要求等，以免失礼。

②掌握出席时间。出席宴请活动，抵达时间的迟早，逗留时间的长短，在某种程度上是对主人尊重的反映，这要根据活动的性质及有关习惯来把握，迟到、早退或逗留的时间过短，都被视为失礼或有意冷落主人，身份高者可略晚抵达，一般客人应略早抵达。在我国，一般应正点或提前两三分钟或按主人的要求抵达。确实有事需要提前退席，应向主人说明后悄然离去，或事先打招呼，届时离去。

③抵达。抵达宴请地点，先到衣帽间，脱下大衣和帽子，然后前往主人迎宾处，主动向主人问好。如果是庆典活动，应表示祝贺。

④入座。应邀出席宴请活动，应听从主人安排，即所谓客随主便。要先弄清自己的桌次座次再入席，如邻座是年长者与妇女，应主动协助他们先坐下。

⑤进餐。入座后，主人招呼，便开始进餐。

⑥交谈。无论是主人、陪客或宾客，都应与同桌人交谈，特别是左右邻座。邻座如不相识，可先自我介绍。

⑦祝酒。作为主宾参加宴请，应了解对方的祝酒习惯，即何人祝酒，何时祝酒等，以便做必要的准备。碰杯时，主宾与主人先碰，人多时可同时举杯示意，不一定碰杯。祝酒时注意不必交叉碰杯。在主人和主宾致辞、祝酒时应暂停进餐，停止交谈，注意倾听，遇到主人和主宾来桌前敬酒时，应起立举杯。碰杯时，要目视对方致意。宴会上互相敬酒，表示友好，活跃气氛，但切忌喝酒过量，否则会失言失态。

⑧宽衣。在社交场合，无论天气如何炎热，不能当众解扣脱衣。小型便宴，如主人请客人宽衣，男宾可脱下外衣搭在椅背上。

⑨喝茶或咖啡。通常牛奶、白糖均用单独器具盛放，喝茶或咖啡时如愿意加牛奶、白糖，可自取加入杯中，用小茶匙搅拌，茶匙放回小碟内。喝时用右手拿杯把，左手端小碟。

⑩水果。吃水果时，不要整个拿着咬食，要根据水果的不同特点，先借助水果刀进行分解，然后再食用。

⑪水盂。在筵席上，上鸡、龙虾、水果时，有时送上一个小水盂（铜盆、水晶玻璃缸），水上漂有玫瑰花瓣或柠檬片，供洗手用。洗时两手轮流沾湿手指，轻轻涮洗，然后用餐巾或小毛巾擦干。

⑫纪念物品。有的主人为每位出席者备有小纪念品或一朵小鲜花，宴会结束时，主人要招呼客人带上。遇此，可说一两句赞扬小礼品的话，但不必郑重示谢。除了主人特别示意作为纪念品的东西外，各种招待用品，包括糖果、水果、香烟等，都不要拿走。

⑬致谢。对主人的致谢，除了在宴会结束告辞时表达谢意之外，若正式宴会，还可在两三天内以印有“致谢”或“P. R”字样的名片或便函表示感谢。有时私人宴请也需致谢，名片可寄送或亲自送达。

⑭冷餐会与酒会的取菜。在冷餐会或酒会上，招待员上菜时，不要抢着去取，待送至本人面前时再拿。周围人没有拿到第一份时，自己不要急于取第二份。勿围在菜桌旁边，

取完即退开，以便让别人去取。

⑮意外情况。宴会进行中，发生意外情况时，如用力过猛，使刀子撞击盘子发出声响，或餐具摔落，或打翻酒水等，要向邻座人说声“对不起”。掉落餐具可由招待员另送一副，若打翻的酒水等溅到邻座人身上，应表示歉意，并协助擦掉。如果对方是妇女，只要把餐巾或手帕递给对方，由对方自己处理即可。

⑯退席

退席在宴会进行中是一个容易引人注目的举动。退席的时间要把握好，通常是在大家都吃完之后。若确有要紧的事必须提前走，可以向主人和别的客人说明原因后告辞，同时请大家多待会儿。临走时应向主任道谢，对其他客人点头示意。

> **小贴士**
>
> 参加宴会最好不要中途离去。万不得已时应向同桌的人说声对不起，同时还要郑重地向主人道歉，说明原委。吃完之后，应该等大家都放下筷子，主人示意可以散席，才能离座。宴会完毕，可以依次走到主人面前，握手并说声“谢谢”，向主人告辞，但不要拉着主人的手不停地说话，以免妨碍主人送其他客人。

退席时有五点需要注意：第一，如果你已提出退席，就立即从座位上站起，不要嘴里说走，身子却坐着不动；第二，告知退席并致谢后，不要拉住主人聊个没完，影响主人照顾别的客人；第三，退席的男宾应先与男主人告别，然后向主人家庭的其他成员告别，女宾则相反；第四，如果同时退席的人数较多，只需与主人微笑握手言谢就可以了；第五，进餐完毕，应让第一主人、第一主宾先起身离席，其他人员随后依次离席。离席时，年轻者主动帮助照顾年长者，让他们先行离席。

二、就餐礼仪

1. 中餐礼仪

餐饮是一种常见的社交活动，中国餐饮文化很丰富，中国人热情好客，很讲究餐饮礼仪。中餐宴会是指具有中国传统民族风格的宴会，遵守中国人的饮食习惯和礼仪规范。

(1) 宴会的基本礼仪

作为应邀参加宴会的客人，如时赴约，举止得当，讲究礼节，是对主人的尊重。另外，还应注意以下几个问题。

①服饰。客人赴宴前应根据宴会的目的、规格、对象、风俗习惯或主人的要求考虑自己的着装，着装不得体会影响宾主的情绪，影响宴会的气氛。

②进餐。进餐时举止要文明礼貌，“不马食，不牛饮，不虎咽，不鲸吞，嚼食物不出声，嘴唇边不留痕，骨与秽不乱扔”。面对一桌子美味佳肴，不要急于动筷子，需等主人说“请”之后客人才能动筷。主人举杯示意开始，客人才能用餐。如果酒量还能够承受，对主人敬的第一杯酒应喝干。同席的客人可以相互劝酒，但不可以任何方式强迫对方喝酒，否则是失礼。自己不能喝酒时，可以谢绝。夹菜时有五点需要注意，一是使用公筷；二是夹菜适量，不要取得过多，以免吃不了剩下；三是在自己跟前取菜，不要伸长胳膊去够远处的菜；四是不能用筷子随意翻动盘中的菜；五是遇到自己不喜欢吃的菜，可少夹一点，放在盘中，不要吃掉，当这道菜再传到你面前时，就可以因盘中的菜还没有吃完而不再夹这道菜，但最后应将盘中的菜全部吃净。进食时尽可能不要咳嗽、打喷嚏、打呵欠、擦鼻涕，

万一不能抑制，要用手帕、餐巾纸遮挡口鼻，并转身将脸侧向一方，低头将声音尽量压低。

③点菜。如果主人安排好了菜，客人就不要再点菜了。如果参加一个尚未安排好菜的宴会，需要注意点菜的礼节。点菜时，不要选择太贵的菜，同时也不宜点太便宜的菜，太便宜了，主人反而不高兴，认为你看不起他，如果最便宜的菜恰是你真心喜欢的菜，那就要想点办法，尽量说得委婉一些。

一般情况下，标准的中餐菜单结构包括前菜（开胃菜）、主菜、面类或米饭、点心（甜点）。

前菜通常是由四种冷盘组成的大拼盘。有时种类可多达十种。最具代表性的是凉拌海蜇皮、皮蛋等。有时冷盘之后，接着出四种热盘。常见的是炒虾、炒鸡肉等。但是，热盘多半被省略。

> **小贴士**
>
> 中国最具有代表性的八大菜系是鲁、川、粤、闽、苏、浙、湘和徽。

主菜紧接开胃菜之后，又被称为大件或大菜。如菜单上注明有“八大件”，表示共有八道主菜。主菜的道数通常是四、六、八等偶数，因为，中国人认为偶数是吉数。在豪华的餐宴上，主菜有时多达十六道或三十二道，但普通餐宴多是六道至十二道。这些菜肴是使用不同的材料，配合酸、甜、苦、辣、咸五味，以炸、蒸、煮、煎、烤、炒等各种烹调法搭配而成。其出菜顺序多以口味清淡和浓腻交互搭配，或干烧、汤类搭配为原则。

（2）其他礼仪

①餐巾的用法。如今很多餐厅都为顾客准备了餐巾，通常，要等坐在上座的尊者拿起餐巾后，其他客人才可以取出平铺在腿上，特别注意动作要小。餐巾很大时可以叠起来使用，不要将餐巾别在领上或背心上。餐巾的主要作用是防止食物落在衣服上，所以只能用餐巾的一角来印一印嘴唇，不能拿整块餐巾擦脸、擦鼻涕，也不要用餐巾来擦餐具。如果是暂时离开座位，请将餐巾叠放在椅背或椅子扶手上。用完餐，可将餐巾叠一下放在桌子上。

②酒水的礼仪。一般餐桌上会为每位用餐者准备茶水、饮料和酒水，通常茶水、饮料、酒水在右侧，饮用时尽量不要用错。作为主人（特别是陪同人员），宴会进行期间可能为客人斟酒上菜，应该从客人左侧上菜，从客人右侧斟酒。

常见的酒类有白酒、黄酒、啤酒、保健药酒几大类。

白酒是餐宴场合的情感催化剂。中国传统的八大名酒包括贵州茅台酒、山西汾酒、四川五粮液、四川剑南春、安徽古井贡、江苏洋河大曲、贵州董酒、四川泸州老窖特曲。

黄酒有绍兴加饭酒、龙岩沉缸酒等。

啤酒有生啤酒、干啤酒、黑啤酒等若干种。

保健药酒有山西竹叶青等。

> **小贴士**
>
> 斟酒与上菜不同，上菜在左，但斟酒在右，酒只需斟至酒杯容量的2/3即可。大多数宴会上只用一种酒。中式宴会从开始上冷盘即开始饮酒。西餐波尔图酒随奶酪或甜食一起上桌，酒瓶置于男主人面前，酒杯可与酒同时上桌，也可在布置餐时预先摆好。男主人坐在自己的椅子上，先为右侧客人斟酒，然后自己斟一杯，再把酒瓶按顺时针方向递给左侧客人斟酒。

2. 西餐礼仪

（1）预约的窍门

越高档的饭店越需要事先预约。预约时，不仅要说清人数和时间，也要表明是否要吸烟区或视野良好的座位。如果是生日或其他特别的日子，可以告知宴会的目的和预算。在预定时间内到达，是基本的礼貌。

（2）着装要求

西餐礼仪很重视出席宴会时的服饰搭配，所以即使你有再好的休闲服也不要在西餐厅里穿出来。

去高档的餐厅，男士要穿着整洁的上衣和皮鞋；女士要穿套装和有跟的鞋子。如果指定穿正式服装的话，男士必须打领带。

（3）入座要求

最得体的入座方式是从左侧入座。当椅子被拉开后，身体在几乎要碰到桌子的距离站直，领位者会把椅子推进来，腿弯碰到后面的椅子时，就可以坐下来。

（4）用餐姿势

用餐时，上臂和背部要靠到椅背，腹部和桌子保持约一个拳头的距离，两脚交叉的坐姿最好避免。

（5）上菜顺序

正式的全套餐点上菜顺序是：①菜和汤；②水果；③肉类；④乳酪；⑤甜点和咖啡；⑥水果。点菜没有必要全部都点，点太多却吃不完反而失礼，前菜、主菜（鱼或肉择其一）加甜点是最恰当的组合。点菜并不是由前菜开始点，而是先选一样最想吃的主菜，再配上适合主菜的汤。

（6）点酒

在高级餐厅里，会有调酒师拿酒单来，对酒不大了解的人，最好告诉调酒师自己挑选的菜色、预算和喜爱的酒类口味，请调酒师帮忙挑选。按照西餐的传统，主菜若是肉类应搭配红酒，鱼类则搭配白酒。上菜之前，也可以来杯香槟、雪利酒或吉尔酒等较淡的酒。

（7）摆台

国际上常见的西餐摆台方法是：座位前正中是垫盘，垫盘上放餐巾（口布）。盘左放叉，盘右放刀、匙，刀尖向上、刀口朝盘，主食靠左，饮具靠右上方。正餐的刀叉数目应与上菜的道数相等，并按上菜顺序由外至里排列、用餐时也从外向里依序取用。饮具的数目、类型应根据上酒的品种而定，通常的摆放顺序是从右起依次为葡萄酒杯、香槟酒杯、啤酒杯（水杯）。

（8）餐巾的使用

点完菜后，在前菜送来前的这段时间把餐巾打开，往内折三分之一，让三分之二平铺在腿上，盖住膝盖以上的双腿部分。切不可将餐巾别在衣领上或裙腰处。用餐时可用餐巾的一角擦嘴，但不可用餐巾擦脸或擦刀叉等。用餐过程中若想暂时离开座位，可将餐巾放在椅背上，表示你还要回来；若将餐巾放在餐桌表示你已用餐完毕，服务员则不再为你上菜。

（9）用三个手指轻握杯脚

需要酒类服务时，通常由服务员负责将少量酒倒入酒杯中，让客人鉴别一下品质是否有误。一般只需喝一小口并回答“好”，服务员就会来倒酒。这时，不要动手去拿酒杯，而应把酒杯放在桌上由服务员去倒。正确的握杯姿势是用手指轻握杯脚。为避免手的温度使酒温增高，应用大拇指、中指、食指握住杯脚，小指放在杯子的底台固定。

（10）喝酒的方法

喝酒时绝对不能吸着喝，而是倾斜酒杯，像是将酒轻轻倒入口中。饮用前，轻轻摇动酒杯让酒与空气接触以增加酒味的醇香，但不要猛烈摇晃杯子。此外，一饮而尽或边喝边透过酒杯看人，都是不礼貌的行为。不要用手指擦杯沿上的口红印，用面巾纸擦较好。

（11）喝汤的方法

喝汤时先用汤匙由后往前将汤舀起，汤匙的底部放在下唇的位置将汤送入口中。汤匙与嘴部呈45°角较好。身体的上半部略微前倾。盘中的汤剩下不多时，可用手指将盘略微抬高。如果汤用有握环的碗装，可直接拿住握环端起来喝。

小贴士

吃西餐喝汤时非常忌讳发出“吱吱”的声响。

（12）面包的吃法

吃面包时，先用两手将面包撕成小块，再用左手拿来吃。吃硬面包时，用手撕不但费力而且面包屑会掉满地，此时可用刀先将面包切成两半，再用手撕成块来吃。为避免像用锯子似割面包，应先把刀刺入面包的另一半，切时可用手将面包固定，避免发出声响。

（13）沙拉的吃法

在西餐中，沙拉是作为头盘菜的理想选择，它既爽口又开胃。盛沙拉一般用沙拉盘，平盘深盘都可以，一般讲究的餐厅要摆上刀和叉，即使有些人习惯只用叉不用刀。作为同主食一起上菜时的沙拉，把沙拉盘放在主菜盘的左侧，这时一般只放一把叉子。

在吃沙拉的过程中遇见比较大叶的蔬菜，要先用刀和叉将菜折起来，然后用叉子送入口中。

（14）鱼的吃法

鱼肉极嫩易碎，因此餐厅常不备餐刀而备专用的汤匙。这种汤匙比一般喝汤用的稍大，不但可切分菜肴，还能将调味汁一起舀起来吃。在吃鱼时，首先用刀在鱼鳃附近划一条直线，刀尖不要划透，划入一半即可。将鱼的上半身挑开后，从头开始，将刀叉在骨头下方，往鱼尾方向划开，把针骨剔掉并挪到盘子的一角，最后再把鱼尾切掉，由左至右面，边切边吃。

（15）肉类的吃法

①从左边开始切。法国料理中所使用的肉有牛、猪、羊、鸡、鸭等，种类相当多，又依调理方式分为烧、烤、蒸、煮等各式各样。一打开菜单，烤小羊排、烤鸭、焖牛肉等各样的肉类料理名称琳琅满目地排列在一起，而且吃法千奇百怪。

首先必须记住的是排餐的用餐方法。排餐可以说是自古以来的肉类料理代表，排餐的吃法自然也就成为其他肉类料理的基本形式，所以最好下点工夫研究。点用牛排时，首先服务生会询问烧烤程度，可依你所喜欢的料理方式供应。

小贴士　国外宴请程序

外国人的日常宴请在女主人作为第一主人时，往往以她的行动为准。入席时，女主人先坐下，并由女主人招呼开始进餐。餐毕，女主人起立，邀请女宾与其一起离席。然后男宾起立，随后进入休息厅或留下吸烟。男女宾客在休息厅会齐，即上茶或咖啡。主宾告辞时，主人把主宾送至门口。主宾离去后，迎宾人员按顺序排列，与其他宾客握手告别。

牛排的生熟程度，在西餐中称“几成熟”。

三成熟。切开牛排见断面仅上下两层呈灰褐色，期间 70% 肉为红色并带有大量血水，最能品尝牛肉的鲜美。

五成熟。切开牛排见断面中央 50% 肉为红色，带少量血水，是品尝牛排的最佳成数。

七成熟至全熟。切开牛排见断面中央只有一条较窄的红线，肉中血水已近干，是大众选择的成数。

全熟。切开以后渗出少量清澈的肉汁，肉汁变得稍硬，一般不推荐选择，但有宗教信仰的人合适。

全白。是在全熟的基础上更进一层，切开后肉质呈白色，个别需求，也不推荐。

西方人爱吃较生口味的牛排，由于这种牛排含油适中又略带血水，口感甚是鲜美。

东方人更偏爱七成熟，因为怕看见肉中带血，因此认为血水越少越好。

用餐时，以叉子从左侧将肉叉住，再用刀沿着叉子的右侧将肉切开，如切下的肉无法一口吃下，可直接用刀子再切小一些，切开刚好一口大小的肉，然后直接用叉子送入口中。

②用刀压住肉时的力度。为了轻松地将肉切开，首先就要松肩膀，并确实用叉子将肉叉住。再以刀轻轻地慢慢地前后移动。用力点是在将刀伸进去的时候，而不是将刀拉回时。

③将调味酱放在盘子内侧。点排餐时，会附带一杯调味酱。在正式的场合中，调味酱应是自行取用，而非麻烦服务生服务。

首先将调味酱钵拿到盘子旁边，用汤勺取酱料时要注意不要滴到桌布上。调味酱不可以直接淋在牛排上，应取适量放于盘子内侧，再将肉切成一口大小蘸酱料吃。

调味酱的量约以两汤匙最为适宜。取完调味酱后，将汤勺放在调味酱钵的侧边，并传给下一个人。

④从左侧开始切。不可一开始就将肉全部切成一块一块的，否则好吃的肉汁就会全部流出来。如果用叉子叉住肉的左侧却从肉的右侧开始切，会很难将肉切开。因左手拿叉子，所以从左侧开始切才是基本。如果太用力切，在切开时会因为与盘子碰撞而发出很大的声音。

⑤点缀的蔬菜也要全部吃完。放在牛排旁边的蔬菜不只是为了装饰，同时也是基于营养均衡的考虑而添加的。国人大都会把水芹留下，如果不是真的不爱吃，最好不要剩下。

（16）如何使用刀叉

使用刀叉的基本原则是右手持刀或汤匙，左手拿叉。若有两把以上的刀叉，应由最外面的一把依次向内取用。刀叉的拿法是轻握尾端，食指按在柄上。汤匙则用握笔的方式拿即可。如果感觉不方便，可以换右手拿叉，但不要频繁更换。吃体积较大的蔬菜时，可用刀叉来分切。较软的食物可放在叉子平面上，用刀子整理一下后食用。

（17）刀叉的摆法

在吃西餐时，刀叉的摆放是有含义的，用餐意愿均可通过刀叉的摆放来传达。

①尚未用完餐。盘子没空，如你还想继续用餐，把刀叉分开放，大约呈三角形，那么服务员就不会把你的盘收走。

小贴士

刀叉有不同的规格，需要按照用途的不同而决定其尺寸的大小。吃肉时，不管是否要用刀切，都要使用大号的刀。吃沙拉、甜食或一些开胃小菜时，要用中号刀。叉或勺一般随刀的大小而变。喝汤时，要用大号勺，而喝咖啡和吃冰激凌时，则用小号为宜。

②已经用完餐。可以将刀叉平行放在餐盘的同一侧。这时，即使你盘里还有东西，服务员也会明白你已经用完餐了，会在适当的时候把盘子收走。

③请再给我添加饭菜。盘子已空，如你还想用餐，把刀叉分开放，大约呈八字形，那么服务员会再给你添加饭菜。

只有在准许添加饭菜的宴会上或在食用有可能添加的那道菜时才适用。如果每道菜只有一盘，就没有必要把餐具放成上面的样子。

3. 自助餐礼仪

自助餐的特点是不设固定席位，可以任选座位，站着也行，形式活泼，便于彼此的交流。菜肴、食品连同餐具都摆设在桌上，任由客人自取。在这种场合也要注意礼仪，一次不宜取太多的食物，不够可以再添，如果取得太多，吃不了剩下一堆，就显得很失礼了。另外，要把骨头、鱼刺等拨到盘子一边。吃自助餐，不能将食物带出餐厅。

小圆是某中职学校学生，正在一家外贸公司的财务部实习。日前，为在武汉的外国客户庆祝“洋节”，公司举办了大型的西式自助餐会，邀请了不少“洋”客户，还有公司的全体员工参加。餐会一开始，小圆端起面前的盘子去取菜，之后却发现那是装食物残渣的盘子；为节省取食的路途，小圆从离自己最近的水果沙拉开始吃，而此时同事们都在吃凉菜，小圆只好开玩笑说自己“减肥”；走到餐桌前，小圆拖开椅子，从右边走进餐桌，坐下；吃到一半，她放下刀叉稍作休息，不料服务员走过来将没有吃完的菜给收走了。

【知识拓展】

案　例

曾经有个国内公司老总到国外宣传推广自己的企业，邀请了很多国际著名的投资公司管理人员参加一个宴会。宴会的场面很正式，准备得也很充分，但来宾发现这位老总在坐下时，裤脚下露出一道棉毛裤的边，而且老总的黑皮鞋里是一双白色袜子。这样的穿着在宴会中是有失礼节的。这样一个公司老总能管好他的企业吗？被邀请的来宾们马上对这个公司的品质产生了疑问。

案例分析：参加宴会衣着是非常重要的，一个成功的人士必然不会忽视自己参加宴会时的服饰礼仪。这里我们根据服饰礼仪要求来为这位老总分析一下他的宴会穿着。

（1）西服：两件套西服通常是商务场合较为理想的服装。在职业服装中至少应有两粒扣、三粒扣或双排扣的西服。双排扣西装的扣子，包括内侧的扣子，都应一直系着，西服扣子的颜色应与面料相配。

（2）领带：领带与西服的颜色要互相衬托，而不要完全相同，暗红色、红色和藏青色可以用作底色，主要的颜色和图案要精致，不抢眼，最好选择真丝面料，优雅且四季皆宜。领带的图案可选择小巧的几何印花和条纹，带有柔和图案的涡旋纹面料也是不错的。与西服、衬衫搭配时，应选择一种单色或有两种图案或两种单色和一种图案的领带。

(3)腰带：应是真皮或爬行动物的皮制成的，颜色应为黑色、棕色或暗红色。皮带的颜色应与鞋相配，皮带扣要简洁。

(4)袜子：袜子要长及小腿中部，尼龙袜或薄棉袜均可。袜子应为黑色、棕色或藏青色。袜子的颜色宜选与长裤相配或相近的，而穿黄褐色裤子时例外，这时袜子应与鞋相配。

(5)鞋：选择系带或无带扣皮鞋。鞋的颜色不应浅于裤子。黑皮鞋可以配灰色、藏青色或黑西服，深棕色的鞋则可配黄褐色或米色西服。

(6)手提箱和钱包：手提箱应是皮质的，颜色为棕色、黑色或暗红色均可。最好把钱包放在西服上衣前内侧的口袋里。如果钱包放在裤子后面的口袋里，会影响西服的穿着效果。

【学以致用】

(1)判断正误。

①宴会上，若食物太热，可以用嘴吹凉。(　　)

②宴会上，最好不要在嘴里含着食物时说话。(　　)

③在正式宴会上，只要一落座就应打开餐巾。(　　)

④在进餐前，可以用餐巾擦碗、筷、杯等，以保证干净。(　　)

⑤吃西餐，刀叉并用时右手持刀，左手持叉。(　　)

⑥参加宴请时，嘴里有鱼刺、肉骨头等可以直接外吐。(　　)

(2)如何准备宴会？

(3)如何进行宴会的桌次、座次安排？

第二课　馈赠礼仪

礼尚往来，往而不来，非礼也，来而不往，亦非礼也。

——《礼记·曲礼上》

【应知导航】

(1)馈赠的6点原则是指什么？

(2)什么是馈赠的效用性原则？

（3）回赠礼品的时需要注意什么？

【知识探究】

中华民族素来重交情，古代就有“礼尚往来”之说。亲友和商务伙伴之间的正当馈赠是礼仪的体现，感情的物化。在正常的交际活动中，用以增进友情的合理适度的赠礼与受礼是必要的。

一、馈赠的起源与意义

1. 馈赠的起源

人们相互馈赠礼物，是人类社会生活中不可缺少的交往内容。馈赠，是与其他一系列礼仪活动一同产生和发展起来的。我们知道，礼起源于远古时期的祭祀活动。在祭祀时，人们除了用规范的动作、虔诚的态度向神表示崇敬和敬畏外，还将自己最有价值、最能体现对神敬意的物品（即牺牲）奉献给神灵。也许从那时起，在礼的含义中，就开始有了物质的成分和表现，即礼可以以物的形式出现。关于礼物这个概念，还有人说它最初来源于古代战争中部落兼并而产生的“纳贡”，也就是被征服者定期向征服者送去食物、奴隶等，以表示对征服者的服从和乞求征服者的庇护。史书中曾有因礼物送得不及时或不周到而引发战争的记载。如春秋时期，因楚国没有按时向周天子送一车茅草，而引发了中原各国联盟大举伐楚的战争。还有人认为，最初的礼就是一种商业性质的物品的有来有往，原始的“礼尚往来”，实质上就是以礼品的赠与酬报的方式进行的产品交换。

2. 馈赠的意义

在现代人际交往中，礼物仍然是人们往来的有效媒介之一，它像桥梁和纽带一样直接明显地传递着情感和信息，深沉地寄托着人们的情意，无言地表达着人与人之间的真诚关爱，久远地记载着人间的温暖。

二、馈赠的原则

馈赠作为社交活动的重要手段之一，受到古今中外人士的普遍肯定。馈赠作为一种非语言的重要交际方式，是以物的形式出现，以物表情，礼载于物，起到寄情言意的“无声胜有声”的作用。得体的馈赠，恰似无声的使者，给交际活动锦上添花，给人们之间的感情和友谊注入新的活力。然而送给谁，为什么送，如何送，送什么，何时送，在什么场合送，是一个既老又新的问题，因此，我们只有在明确馈赠目的和遵循馈赠基本原则的前提下，在明确弄清以上6点的基础上，才能真正发挥馈赠在交际中的重要作用。

1. 馈赠的目的

任何馈赠都是有目的的，或为交结友谊，或为祝颂庆贺，或为酬宾谢客。

（1）以交际为目的的馈赠

这是一种为达到交际目的而进行的馈赠，有以下两个特点。

①送礼的目的与交际目的的直接一致。无论是个人还是组织机构，在社交中为达到一

定目的，针对交往中的关键人物和部门，通过赠送一定礼品，以促使达到交际目的。

②礼品的内容与送礼者的形象一致。礼品的选择，一个非常重要的原则就是要使礼品能反映送礼者的寓意和思想感情的倾向，并使寓意和思想倾向与送礼者的形象有机地结合起来。

（2）以巩固和维系人际关系为目的的馈赠

这类馈赠，即为人们常说的“人情礼”。在人际交往过程中，无论是个人间的抑或是组织机构间的，必然产生各类关系和各种感情。人与生俱来的社会性，又要求人们必须重视这些关系和感情，因而，围绕着如何巩固和维系人际关系和感情，人们采取了许多办法，其中之一就是馈赠。这类馈赠，强调礼尚往来，以“来而不往非礼也”为基本行为准则。因此，这类馈赠，无论从礼品的种类、价值的轻重、档次的高低、包装的精美、蕴涵的情义等方面都呈现多样性和复杂性。这在民间交际中尤其具有重要的特殊作用。

国际著名影星奥黛丽·赫本十分爱狗。多年来一直豢养着一只叫杰西的长耳罗塞尔种的小猎犬。白天，杰西那无忧无虑和温柔的品性，令赫本感到平和亲情，夜晚杰西暖融融地依偎在赫本的脚旁，伴她入睡。然而，有一天，杰西误吃了毒药，很快就死了，赫本爱犬心切，竟无法控制自己，一连数日不思茶饭，终因悲伤过度而一病不起。这时，她的朋友克里斯多夫·格里文森托人给她送来了又一只长耳罗塞尔狗，它叫彭妮，小巧玲珑，毛色白亮，十分可爱。赫本非常感激格里文森，是他的礼物让她感到无限温暖和慰藉。赫本说：“彭妮不仅使我恢复了健康，也赐给我无限的幸福。”

（3）以酬谢为目的的馈赠

这类馈赠是为了答谢他人的帮助，因此在礼品的选择上十分强调其物质价值。礼品的价值首先取决于他人帮助的性质，帮助的性质分为物质的和精神的两类，一般来说，物质的帮助往往是有形的，能估量的；而精神的帮助则是无形的，难以估量的，然而其作用又是相当大的。其次取决于帮助的目的，是慷慨无私的，还是公私兼顾的。只有那种真正无私的帮助，才是值得真心酬谢的。最后取决于帮助的时机，一般情况下，危难之中见真情。因此，得到帮助的时机是日后酬谢他人的最重要的衡量标准。

（4）以公关为目的的馈赠

这种馈赠，表面上看来不求回报，而实质上其索取的回报往往更深地隐藏在其后的交往中，是一种为达到某种目的或达成某项协议而用礼品的形式进行的活动。多发生在对经济利益、政治利益的追求和其他利益的追逐活动当中。

2. 馈赠的基本原则

馈赠作为社交活动的重要手段之一，为古今中外人士普遍肯定。大凡送礼之人，都希望自己所送礼品能寄托和表达对受礼者的敬意和祝颂，并使交往锦上添花。然而，有时所赠礼品非但达不到这种目的，反而会事与愿违。因此，认真研究和把握馈赠的基本原则，是馈赠活动得以顺利进行的重要前提条件。

“折柳相送”常为文人津津乐道，因为柳的寓意有三：一为表示挽“留”；二因柳枝在风中飘动的样子如人惜别的心绪；三为祝愿友人如柳树一般能随遇而安。

（1）轻重原则——轻重得当，以轻礼寓重情

通常情况下，礼品的贵贱厚薄，往往是衡量交往人的诚意和情感浓烈程度的重要标志。然而礼品的贵贱厚薄与其物质的价值含量并不总成正比。因为礼物是言情寄意表礼的，它仅仅是人们情感的寄托物，人情无价而物有价，有价的物只能寓情于其身，而无法等同于情。也就是说，就礼品的价值含量而言，礼品既有其物质的价值含量，也有其精神的价值含量。“千里送鹅毛”的故事在我国妇孺皆知，被标榜为礼轻情义重的楷模。在这里，如果仅就这些礼物本身的物质价值而言，的确是很轻的，对于受礼人来说甚至是微乎其微的，然而它所寄寓的情义则是浓重的。我们提倡“君子之交淡如水”，提倡“礼轻情义重”。但是，当我们因种种原因陷入“人情债务链”时，则不妨既要注意以轻礼寓重情，又要入乡随俗地根据馈赠目的和自己的经济实力，择定不同轻重的礼物。总之，除非是有特殊目的的馈赠，其他馈赠礼物的贵贱厚薄都应以对方能愉快接受为尺度。

著名作家肖乾当年访问一位美籍华人朋友，特意带去几颗生枣核。他深深知道：朋友身在异国他乡，年纪越大，思乡越切。送去几颗故乡故土的生枣核，让它在异国他乡生根、开花、结果。果然那位美籍朋友一见到那几颗生枣核，勾起了缕缕乡情，他把枣核托在手掌，仿佛它比珍珠玛瑙还贵重。我们在选择礼品时，勿忘一个“情”字，应挑选具有一定纪念意义，或具有某些艺术价值，或为受礼人所喜爱的小艺术品，如纪念品、书籍、画册等。

（2）时机原则

就馈赠的时机而言，及时适宜是最重要的。中国人很讲究“雨中送伞”、“雪中送炭”，即十分注重送礼的时效性，因为只有在最需要时得到的才是最珍贵的，才是最难忘的。因此，要注意把握好馈赠的时机，包括时间的选择和机会的择定。一般来说，时间贵在及时，超前滞后都达不到馈赠的目的；机会贵在事由和情感及其他需要的程度，“门可罗雀”时和“门庭若市”时，人们对馈赠的感受会有天壤之别。所以，对于处境困难者的馈赠，其所表达的情感就更显真挚和高尚。

（3）效用性原则

同一切物品一样，当礼以物的形式出现时，礼物本身也就具有价值和实用价值。就礼品本身的实用价值而言，人们经济状况不同，文化程度不同，追求不同，对于礼品的实用性要求也就不同。一般来说，物质生活水平的高低，决定了人们精神追求的不同，在物质生活较为贫寒时，人们多倾向选择实用性的礼品，如食品、水果、衣料、现金等；在生活水平较高时，人们则倾向于选择艺术欣赏价值较高、趣味性较强和具有思想性纪念性的物品为礼品。因此，应视受礼者的物质生活水平，有针对性地选择礼品。

1972 年，尼克松总统准备访华，急于寻求能代表国家的礼物。美国保业姆公司闻讯后，趁此良机，向尼克松总统献上公司生产的一尊精致的天鹅群瓷器珍品，因为瓷器的

英文“china”，也具有“中国”的意思，尼克松一见，大喜过望，于是把这尊具有双重意义而且具有很高艺术价值的瓷器珍品带到了中国。

（4）投好避忌的原则

就礼品本身所引发的直接后果而言，由于民族、生活习惯、生活经历、宗教信仰以及性格、爱好的不同，不同的人对同一礼品的态度是不同的，或喜爱或忌讳或厌恶等，因此在馈赠时要把握住投其所好、避其禁忌的原则。在这里尤其强调要避其禁忌。禁忌是一种不系统的、非理性的、作用极大的心理和精神倾向，对人的活动影响强烈。当自己的禁忌被冒犯时，无论是有意的还是无意的，心中的不快、不满甚至愤恨是不言而喻的。当我们冒犯了别人时，就会引起纠纷，甚至冲突。所以，馈赠前一定要了解受礼者的喜好，尤其是禁忌。例如，中国人普遍有“好事成双”的说法，因而凡是大贺大喜之事，馈赠之礼，均好双忌单，但广东人则忌讳“4”这个偶数，因为在广东话中，“4”与“死”的发音相近，让人感觉不吉利。再如，白色虽有纯洁无瑕之意，但中国人比较忌讳，因为在中国，白色常是悲哀之色和贫穷之色；同样，黑色也被视为不吉利，是凶灾之色、哀丧之色；而红色，则是喜庆、祥和、欢庆的象征，受到人们的普遍喜爱。另外，我国人民还常常讲究给老人不能送“钟”，夫妻间或恋人间不能送“梨”，因为“钟”与“终”，“梨”与“离”谐音，是不吉利的。

小贴士　了解“花卉语”

当我们用花为媒来传递友谊时，要注意运用正确的“花卉语”，以免出现尴尬。以下是几种常见的花卉的寓意：

荷花——纯洁；红玫瑰——爱情；百合——圣洁、幸福；康乃馨——健康长寿；毋忘我——永志不忘我；菊花——长寿高洁；红掌——大展宏图；金鱼草——繁荣昌盛；粉风信子——倾慕、浪漫；万年青——友谊；兰花——优雅；剑兰——步步高升；松柏——坚强；橄榄枝——和平；梅花——刚毅不屈；竹子——正直；红茶花——质朴、美德；牵牛花——爱情；丁香花——谦逊。

国内某家接待外国游客的旅行社，有一次准备在接待来华的意大利游客时送每人一件小礼品。于是，该旅行社向杭州某厂订购了一批真丝手帕，每个手帕上还绣有花草图案，十分美观大方。手帕装在特制的纸盒内，盒上印有旅行社社徽。中国丝织品闻名于世，料想会受到客人的喜欢。

该旅行社接待人员带着盒装的真丝手帕，到机场迎接来自意大利的游客。欢迎词致得热情、得体。在车上他代表旅行社赠送给每位游客两盒包装甚好的手帕，作为礼品。没想到车上一片哗然，议论纷纷，游客显得很不高兴的样子。特别是一位夫人，大声叫喊，表现极为气愤，还有些伤感。旅行社接待人员心慌了，好心好意送人家礼物不但得不到感谢，还出现这般景象。原来在意大利有这样的习俗，亲朋好友相聚一段时间告别时才送手帕取意为“擦掉惜别的泪水”。而意大利游客刚刚踏上盼望已久的中国大地准备开始愉快的旅行就让他们“擦掉惜别的眼泪”这显然使他们不高兴，并且菊花在意大利是祭奠亡灵的，这也是导致那位夫人气愤的原因。

三、馈赠的礼仪

1. 馈赠礼仪

要使交往对象愉快地接受馈赠，并不是件容易的事情。因为即便是你在馈赠原则指导之下选择了礼品，如果不讲究赠礼的艺术和礼仪，也很难使馈赠成为社会交往的手段，甚至会适得其反。那么，馈赠时应注意哪些艺术和礼仪呢？

（1）注意礼品的包装

精美的包装不仅使礼品的外观更具艺术性和高雅的情调，并显现出赠礼人的文化和艺术品位，而且还可以使礼品产生和保持一定的神秘感，既有利于交往，又能引起受礼人的兴趣和探究心理及好奇心理，从而令双方愉快。好的礼品若没有讲究包装，不仅会使礼品逊色，使其内在价值大打折扣，使人产生“人参变萝卜”的缺憾感，而且还易使受礼人轻视礼品的内在价值，而无谓地折损了由礼品所寄托的情谊。

（2）注意赠礼的场合

赠礼场合的选择，是十分重要的。尤其那些出于酬谢、应酬或有特殊目的的馈赠，更应注意赠礼场合的选择。通常情况下，当众只给一群人中的某一个人赠礼是不合适的。因为那会使受礼人有受贿或尴尬之感，而且会使没有受礼的人有受冷落和受轻视之感。给关系密切的人送礼也不宜在公开场合进行，只有礼轻情重的特殊礼物才适宜在大庭广众面前赠送。既然是关系密切，送礼的场合就应避开公众而在私下进行。只有那些能表达特殊情感的特殊礼品，方才在公众面前赠予。因为这时公众已变成你们真挚友情的见证人。如一本特别的书，一份特别的纪念品等，最好当着受礼人的面赠礼。赠礼是为巩固和维持双方的关系，赠礼也必须是有针对对象的。因此赠礼时应当着受礼人的面，以便于观察受礼人对礼品的感受，并适时解答和说明礼品的功能、特性等，还可有意识地向受礼人传递你选择礼品时独具匠心的考虑，从而激发受礼人对你一片真情的感激和喜悦之情。

小贴士　对外接待“八不送”

第一，不送现金、信用卡和有价证券；
第二，不送价格过高的奢侈品；
第三，不送不合时尚、不利健康之物；
第四，不送易使异性产生误解之物；
第五，不送触犯受赠对象个人禁忌之物；
第六，不送涉及国家机密之物；
第七，不送其他有违国家法律、法规之物；
第八，不送不道德的物品。

（3）注意赠礼时的态度、动作和言语表达

只有那种平和友善的态度，和落落大方的动作并伴有礼节性的语言表达，才是令赠受礼双方所能共同接受的。那种将礼品悄悄置于桌下或房中某个角落的做法，不仅达不到馈赠的目的，甚至会适得其反。

（4）注意赠礼的具体时间

一般来说，应在相见或道别时赠礼。

①受礼者收下礼品后表示感谢。受礼者一般是赞美礼品的精致、优雅或实用，夸奖赠礼者的周到和细致，并伴有感谢之词。

②受礼者双手接过礼品。受礼者视具体情况或拆看或只看外包装，还可伴有请赠礼人

介绍礼品功能、特性、使用方法等的邀请，以示对礼品的喜爱。

③只要不是贿赂性礼品，受礼者一般最好不要拒收。既然别人想送你礼物，一定是关系较为亲密或者是尊敬你的人，所以最好不要拒绝，可以找机会回礼即可。

2. 回赠礼仪

礼尚往来是人之常情，因此，受礼后常需回赠礼品。

①记清所收礼品。公司有重大庆典，送礼者很多的时候，应采用登记形式，日后作为还礼的依据。

②选择适当时机。受礼者在自己的生日收了礼物，可以等到赠礼人生日时回赠，也可以找其他缘由回赠，不一定非用实物偿还。

③选择适当礼物。一般还礼的礼品与所收的礼品价值差不多即可，但也要注意其中的技巧，不能让别人感觉到专门为了还礼而还礼。

【知识拓展】

案 例

一位妻子十分想在圣诞节来临时送给丈夫一份礼物，她盼望能买得起一条表链，以匹配丈夫祖上留下的一只表。因为没有钱，于是她把自己秀丽的长发剪下来卖了。圣诞之夜，妻子对丈夫献上了自己的礼物——一条精美的表链。丈夫也在惊愕之中拿出了他献给妻子的礼物，竟是一枚精致的发卡。原来，丈夫为给妻子买礼物把自己的表卖了。这时，他们紧紧地拥抱在一起，彼此的爱成为这圣诞之夜最珍贵的礼物。

案例分析：

(1) 馈赠最主要的是传达给受赠者自己的心意。所谓“千里送鹅毛，礼轻情义重”就是这个道理。此案例中，虽然他们的礼物并不是太贵重，但是传达出了对彼此的深厚情义。

(2) 这对夫妻献给对方的礼物，在此时似乎已毫无效用，然而并非如此，它们不仅升华了他们之间的爱，使他们得到了最大的精神满足，而且更激发了他们战胜生活困难，追求幸福生活的决心和意志。

【学以致用】

(1) 有哪些礼品属于精神礼品的范畴？试举例说明。

(2) 请说出对外接待的“八不送”。

(3) 馈赠时需要考虑的因素主要有哪些？

(4) 请同学们扮演不同的角色来表演馈赠的礼仪。

第三课 公务迎送礼仪

和蔼可亲的态度是永远的介绍信。

——培根

应知导航

（1）拜访的时间比预定时间越早越好吗？

（2）商务拜访有哪些需要遵守的行为准则？

（3）迎送中的具体事务包括哪些？

知识探究

迎来送往是人们在工作、生活中常见的一种礼仪，它是指人们在接待来访者的过程中所做的一系列工作，包括接客、待客、送客等。迎来送往是社交中的一项重要礼仪活动，按照迎来送往的礼节，细致周到地做好各方面的事情，对于个人、家庭、单位都具有重大的意义。它可以提高个人的声望，可以调节家庭的气氛，可以融洽个人、家庭、单位之间的关系，可以增进各方面的友谊。

一、拜访礼仪

1. 一般性拜访的礼仪

一般性拜访是人们日常生活中常遇到的事情，那么怎样让拜访做得得体、有效果呢？以下是一般性拜访的礼仪。

（1）约定

拜访者在拜访前要事先和对方约定，以免扑空或扰乱主人的计划。拜访时要准时赴约，时间长短应根据拜访目的和主人意愿而定，通常宜短不宜长。

（2）等待

如果接待者因故不能马上接待，可以在接待人员的安排下在会客厅、会议室或在前台安静地等候。如果接待人员没有说“请随便参观”之类的话，最好不要随便地东张西望，甚至伸着脖子好奇地往房间里“窥探”，这是非常失礼的。

（3）吸烟

有抽烟习惯的人，要注意观察周围有没有禁止吸烟的警示。即使没有，也要问问工作人员是否介意抽烟。如果等待时间过久，可以向有关人员说明，并另定时间，不要显现出不耐烦的样子。

（4）交谈

即使和接待者的意见不一致，也不要争论不休。对接待者提供的帮助要适当地致以谢意。要注意观察接待者的举止表情，当接待者有不耐烦或有为难的表现时，应转换话题或语气；当接待者有结束会见的表示时，应立即起身告辞。

小贴士

访问者应如期而至。既不能随意变动时间，打乱主人的安排，也不能迟到或早到，准时到达才最为得体。如因故迟到，应向主人道歉。如因故失约，应在事后诚恳地向对方说明。

（5）告别

拜访时应彬彬有礼，注意一般交往细节；告辞时要同主人和其他客人一一告别，说“再见”、“谢谢”；主人相送时，应说“请回”“留步”“再见”。在非正式场合中，假如在你拜访的过程中又来了一位访客，最好提前告辞。

2. 探视拜访礼仪

当亲友、同事、同学患病时前往探望、慰问是人之常情，也是一种礼节。

（1）选择适当时机

尽量避开病人休息和医疗时间。由于病人的饮食和睡眠比常人更为重要，所以不宜在早晨、中午、深夜以及病人吃饭或休息的时间前往探视。上午10时至11时，下午14时至16时是最佳探视病人的时间。如果是探望住院的病人，还应在医院规定的时间内前往。探望病人时不能在病人的房间里呆得过久。过久不仅会使病人感到疲劳，还会妨碍其他病人的休息。一般时间应掌握在20分钟左右。若病人正在休息，应不予打扰，可稍候或留言相告。

（2）注意言行举止

由于特殊的心理状态，人在患病期间都相当的敏感。与病人谈话时，一般应先询问病人身体状况及治疗效果。在病人讲述病情时，要认真地听，不要心不在焉，左顾右盼。在谈话的内容上，针对患者的焦虑心态要多说一些轻松、宽慰的话，或释疑开导，或规劝安慰，以利于病人恢复平静稳定的心情。不要向病人介绍道听途说的偏方、秘方，不推荐未经临床实验的药物。还要多说一些关心、鼓励的话，让病人感到愉快，淡化病痛带来的苦恼，以增强病人战胜疾病的勇气。如病人的病情需要保密时，不要和病人一起去乱猜；已知道应保密的病情，更不能对病人进行暗示。

有一位教授住院，他的几位研究生因属求学阶段，经济不宽裕，于是商议买一束鲜花送给导师，在鲜花中夹有一张犹如名片大小的礼卡，上面写着这样的话语：

尊敬的导师：

花香带来温馨的祝福，愿您静心养病，早日康复。

您的众弟子赠

字里行间，充满了关切之情和师生之意。这束鲜花虽花费不多，但既表达了学生们对生病导师的探望之情，又让导师感受到了学生的情义。

（3）谈话与逗留时间

照顾病人休息，谈话和逗留的时间应较短，注意避免谈论可能刺激对方或有关忌讳的话题。告别时，一般应谢绝病人送行，祝他（她）早日恢复健康。

按照日常的习惯，探望病人一般会带去一些礼品，可适当赠送鲜花、水果以及有利于病人健康的食品。

3. 商务拜访礼仪

约好去拜访对方，无论是有求于人还是人求于己，都要从礼节上多多注意，不可失礼于人而有损自己和单位的形象。

（1）准时

不准时赴约是失礼的行为。如果有紧急的事情不得不晚到必须通知对方；如果不方便打电话，要请别人代你打电话通知对方；如果遇到交通阻塞，应通知对方要晚一点到。

（2）赴约

当你到达赴约地点时，告诉接待员或助理你的名字和约见的时间，递上你的名片以便助理能通知对方。冬天穿着外套的话，如果助理没有主动示意脱下外套或告诉外套可以放在哪里，你就要主动问一下。

（3）等待

在等待时要安静，不要通过谈话来消磨时间，这样会打扰别人工作。尽管你已经等了 20 分钟，也不要不耐烦地总看手表，你可以问接待者/助理约见者什么时候有时间。如果你等不及那个时间，可以向助理解释一下并另约一个时间。

小贴士　探视拜访宜选择的礼物

探视患有高血压、冠心病、胆囊炎、肾炎和高烧的病人，宜带含有维生素的清淡食品，如新鲜水果、水果罐头、果汁等。

探望糖尿病人、水肿病人，可以送含蛋白质高的食品，如奶制品、蛋类、肉松等。

探望患有气管炎、肺气肿、肺结核等疾病的病人，可送有补养、润肺、止咳功能的核桃、蜂蜜、银耳、梨等。

探望贫血病人和孕妇、产妇等，宜带红糖、鸡蛋、鲜虾、奶制品、豆制品等。

探望患有胃肠道疾病的病人，宜送容易消化的麦乳精、果汁等。

探望肿瘤病人宜送香菇、人参、水果等。

（4）交谈

与人进行商务会谈时要尽可能快地将谈话进入正题，清楚直接地表达你要说的事情，说完后，让对方发表意见，并要认真地听，不要辩解或不停地打断对方讲话。如果有其他意见，可以在对方讲完话之后再说。

二、迎送礼仪

迎送礼仪是各个民族都很重视的礼仪，因为它可以显示出一个民族的修养和好客程度。中国人自古以来就以热情好客而著称。

各国对外国国家元首、政府首脑的正式访问，往往都举行隆重的迎送仪式。对军方领导人的访问，也举行一定的欢迎仪式，如安排检阅仪仗队等。对其他人员的访问，一般不举行欢迎仪式。然而，对应邀前来访问者，无论是官方人士、专业代表团还是民间团体、知名人士，在他们抵离时，均安排相应身份人员前往机场（车站、码头）迎送。对长期在本国工作的外国人士和外交使节、专家等，在他们离任时，各国有关方面也应安排相应人员迎送。

1. 确定迎送规格

对来宾的迎送规格各国做法不尽一致。确定迎送规格，主要依据来访者的身份和访问目的，适当考虑两国关系，同时要注意国际惯例，综合平衡。主要迎送人通常都要同来宾的身份相当，但由于各种原因（例如国家体制不同，当事人年高不便出面，临时身体不适或不在当地等），不可能完全对等。遇此情况，可灵活变通，由职位相当的人士，或由副职出面。总之，主人身份总要与客人相差不大，同客人对等为宜。当事人不能出面时，无论进行何种处理，应从礼貌出发，向对方作出解释。其他迎送人员不宜过多。也有从发展两国关系或当前政治需要出发，破格接待，安排较大的迎送场面。然而，为避免造成厚此薄彼的印象，非有特殊需要，一般都按常规办理。

小贴士　名片递接礼仪

递名片的礼节为：一般来说，应先由地位低的交给地位高的，年轻的交给年老的，男士交给女士。交给对方自己的名片时，应该把文字正向着对方，使对方便于读看；同时双手呈上，清楚地说出自己的姓名。

接名片的礼节为：用双手接到对方名片后，应当马上细看，遇到难读的字可以请教对方，非但不失礼，相反是尊重对方的表现。起码要在正确记住对方的名字后才能将名片收起来，最好收在名片夹中。

2. 掌握抵达和离开的时间

必须准确地掌握来宾乘坐飞机（火车、船舶）的抵离时间，及早通知全体迎送人员和有关单位。如有变化，应及时通知。由于天气变化等意外原因，飞机、火车、船舶都可能不准时。一般大城市，机场离市区又较远，因此，既要顺利地接送客人，又不过多耽误迎送人员的时间，准确地掌握抵离时间就显得十分必要。

迎接人员应在飞机（火车、船舶）抵达之前到达机场（车站、码头）。送行则应在客人登机之前抵达（离去时如有欢送仪式，则应在仪式开始之前到达）。如客人乘坐班机离开，应通知其按航空公司规定时间抵达机场办理有关手续（身份高的客人，可由接待人员提前前往代办手续）。

小贴士　节日花语

春节：竹、梅、百合、桃花、蝴蝶兰。

情人节：红玫瑰、郁金香、满天星、马蹄莲、紫罗兰。

清明节：金鱼花、文竹、满天星、柏枝。

母亲节：粉色或红色康乃馨、茉莉、牵牛花、勿忘我。

父亲节：黄色或白色玫瑰花、柳枝、黄杨、葡萄。

端午节：菖蒲、跳舞草。

中秋节：芒草、桔梗、石楠花。

教师节：蔷薇、木兰花、悬铃木。

圣诞节：一品红、太阳菊。

3. 献花

如安排献花，须用鲜花，并注意保持花束整洁、鲜艳，忌用菊花、杜鹃花、石竹花、黄色花朵。有的国家习惯送花环，或者送一两枝名贵的兰花、玫瑰花等。通常由儿童或女青年在参加迎送的主要领导人与客人握手之后，将花献上。有的国家由女主人向女宾献花。

4. 介绍

客人与迎接人员见面时，互相介绍。通常先将前来欢迎的人员介绍给来宾，可由礼宾交际工作人员或其他接待人员介绍，也可以由欢迎人员中身份最高者介绍。客人初到，一般较拘谨，主人宜主动与客人寒暄。

5. 陪车

客人抵达后，从机场到住地，以及访问结束，由住地到机场，有的安排主人陪同乘车，也有不陪同乘车的。如果主人陪车，应请客人坐在主人的右侧。上车时，最好客人从右侧门上车，主人从左侧门上车，避免从客人座前穿过。遇客人先上车，坐到了主人的位置上，则不必请客人挪动位置。

6. 对一般客人的迎接

迎接一般客人，无官方正式仪式，主要是做好各项安排。如果客人是熟人，则可不必介绍，仅向前握手，互致问候；如果客人是首次前来，又不认识，接待人员应主动打听，主动自我介绍；如果迎接大批客人，也可以事先准备特定的标志，如小旗或牌子等，让客人从远处就能看到标志。

7. 迎送工作中的几项具体事务

①迎送身份高的客人，事先在机场（车站、码头）安排贵宾休息室，准备饮料。

②安排汽车，预定住房。如有条件，在客人到达之前将住房和乘车号码通知客人。如果做不到，可印好住房、乘车表，或打好卡片，在客人刚到达时，及时发到每个人手中，或通过对方的联络秘书转达。

③指派专人协助办理入出境手续及机票（车、船票）和行李提取或托运手续等事宜。重要代表团，人数众多，行李也多，应将主要客人的行李先取出（最好请对方派人配合，及时送往住地，以便更衣）。

④客人抵达住处后，一般不要马上安排活动，应稍做休息，起码给对方留下更衣时间。

三、接待礼仪

1. 接待礼仪的要求

接待是公关礼仪中不可缺少的环节，接待工作中的礼仪要求如下。

①接待室应整齐美观，可以放一些花卉，使接待室显得井井有条、生机盎然。

②可以在接待室角落准备一面镜子，提醒接待人员随时整理自己的头发、服饰，以表现出优雅的仪表。

③来客人后，一般应立即从座位上站起来，离开椅子以迎接客人，点头微笑，并说“您好”，听明白客人的来意后作自我介绍。

④有其他客人还要有顺序的介绍其他人员。在介绍时绝对不能用命令的口气，如“小王，来见见张主任”。切勿把介绍的双方弄得感情不平衡，如称一方为“我的朋友”，而另一方称为“我的好朋友”。介绍具体某人时，要有礼貌地用手示意，不能用手指去指。介绍时避免过分颂扬某一个人，也不要含糊其辞，应准确清晰，如“××是作协的”，别人会误

听为是“做鞋的”，应该准确地介绍是“中国作家协会的”。

⑤接待客人时，按照中国传统的习俗，应端茶送水。

2. 接待时注意的环节

①客人要找的负责人不在时，要明确告诉对方负责人到何处去了，以及何时回本单位。请客人留下电话、地址，明确是由客人再次来单位，还是我方负责人到对方单位去。

②客人到来时，我方负责人由于种种原因不能马上接见，要向客人说明等待理由与等待时间，若客人愿意等待，应该向客人提供茶水或翻阅的报刊。

一天上午，××公司前台接待秘书小张匆匆走进办公室，像往常一样进行上班前的准备工作。她先打开窗户，接着，打开饮水机开关，然后，翻看昨天的工作日志。这时，一位事先有约的客人要求会见销售部王经理，小张一看时间，这位客人提前了 30 分钟到达。小张立刻通知了销售部王经理，王经理说正在接见一位重要的客人，请对方稍等。小张如实转告客人说：“王经理正在接待一位重要的客人，请您稍等一会儿。”话音未落，电话铃响了，小张用手指了指一旁的沙发，没顾得上对客人说什么，就接电话去了。客人尴尬地坐下……等小张接完电话后，发现客人已经离开了办公室。

③接待人员带领客人到达目的地，应该有正确的引导方法和引导姿势。

在走廊的引导方法：接待人员走在客人两三步之前，配合步调，让客人走在内侧。

在楼梯的引导方法：引导客人上楼时，应该让客人走在前面，接待人员走在后面；若是下楼时，应该由接待人员走在前面，客人在后面，上下楼梯时，接待人员应该注意客人的安全。

在电梯的引导方法：引导客人乘坐电梯时，接待人员先进入电梯，等客人进入后关闭电梯门；到达时，接待人员按“开”的按钮，让客人先走出电梯。

在客厅里的引导方法：当客人走入客厅，接待人员用手示意请客人坐下，看到客人坐下后，才能行点头礼后离开；如客人错坐下座，应请客人改坐上座（一般靠近门的一方为下座）。

【知识拓展】

案 例

三国时，张松代表西川的刘璋向曹操献西川地图，曹操怠慢张松。张松拜见曹操，等候了三日，方得通报姓名，曹操认为“松有何能?”，不以礼迎送张松，并乱棒打出。张松回西川路上，碰到刘备派赵云远远迎接，驿门外关羽又迎接，次日，“玄德引着伏龙凤雏亲自来接，遥见张松，早先下马等候。”送张松时又深情厚谊，极尽隆重礼节，使张松感动之极，献上西川地图，才使刘备有可能占领西川。

案例分析：

(1) 曹操在对张松的迎接中，让张松等待了三日，对张松是极为不尊重的，犯了迎送礼仪的大忌讳。

（2）在见到张松后，竟将对方乱棒打出，更是失礼。

（3）刘备的成功在于对张松一行的重要性认识深刻，并以隆重礼节迎送，感动了对方，从而达到了自己的目的。可见，迎送是非常重要的仪式之一。

【学以致用】

（1）假如在你拜访过程中又来了一位访客，该怎么办呢？

（2）探视生病亲友时，在探视时间上有哪些需要注意的地方？

（3）在接待来访客人时，居室中的上座有哪些？

（4）客人要找的负责人不在时，该怎么办呢？

开篇寄语

在现代职场，一个知礼懂礼的人，是值得交往，也是能够赢得尊重的，而一个不知礼、不懂礼、不讲礼的人必定会遭到职场的淘汰。职场礼仪，是指人们在职业场所中应当遵循的一系列礼仪规范。职场礼仪的基本点非常简单，那就是在工作场所，应将体谅和尊重别人当做自己的指导原则。

职场礼仪篇

——事业发展的奠基石

第一课 应聘礼仪

在选择职业时，我们应当以人类的福利和个人的理想为主要指针。

——马克思

【应知导航】

（1）求职前要做哪些准备工作?

（2）如何准备面试材料?

（3）面试时应注意哪些礼仪?

【知识探究】

随着改革开放的深入，我国劳动用工制度相应发生了新的变化。在市场经济体制的作用下，求职已显得日益平常和频繁。无论是谁，也不论他的主观条件和客观环境怎样，求职的成功与否，与求职者自身的礼仪修养，以及他在求职中的具体运用是密切相关的。下面介绍在求职中应注意的礼仪知识。

一、求职前的准备

求职，就个人来说，有着种种原因和不同动机，对多数人而言，是为谋求一份适合的工作，以维持生活正常需要，进而争取事业上有所发展。求职是人生中一个重要的转折点，应该慎重对待，不应盲目地、简单地乱撞运气。在求职之前认真做好准备工作是十分必要的。

1. 明确自己求职的真实原因

现实生活中，绝大多数人是凭自己的正当职业与合法劳动取得生活资料。能获得一份适合自己能力和兴趣爱好的工作是每个人所渴望的，也是促进劳动者热爱自己的工作，充分发挥积极性、创造性的动力。大中专院校的学生毕业后必须自谋职业，他们是求职队伍中的一支新军，从未正式工作过，是就业的伊始。

2. 广泛寻找信息

求职准备，不但要“知己”，还要“知彼”，既要明确自己为何求职，也要了解哪些职业可供自己去求，这样可以使求职范围与选择机会大一些，多一些，回答问题也准确一些。

尽可能了解清楚招聘单位的性质和背景，确定它是哪一种行业、生产何种产品；是独资企业还是合资企业，它的企业文化（包括口号和形象）是什么？同时还要尽可能了解清楚招聘单位的业务情况，比如，过去的业绩好不好？业务往来的对象有哪些？现在该单位在做什么？如果是工厂，该厂产品的注册商标是什么？该单位的发展前景如何？另外，对招聘单位的内部组织、员工福利、一般起薪、工作地点等也应该尽可能了解清楚。

小贴士　人的兴趣类型

·现实型：对具体劳动或基本技术方面感兴趣。

·理智型：对思想观念方面感兴趣。

·惯例型：对处理系统而有条理的工作感兴趣。

·社会型：对社交、教育等活动感兴趣。

·艺术型：对艺术上的自我表现和创造性方面感兴趣。

·管理型：对支配和领导他人的工作感兴趣。

对于这些资料信息我们可以向父母、朋友、同学或亲戚询问，也可以向在该单位工作的熟人咨询，还可以通过电话、新闻报道、广告、杂志、企业名录以及网络进行查询。

一个对招聘单位一无所知的求职者，面试时必遭失败。

早两年广州有个学市场营销专业的中职男性毕业生，满怀信心去应试美国在广州投资兴办的“雅芳”（Avon）公司的销售人员，他原以为“雅芳”仅仅是这家公司美丽的名称而已，根本不知道“雅芳”是女性化妆品的注册商标。因此，在面试中当美方主考人问及他为何应聘该公司时，他不假思索地回答说：“我喜欢‘雅芳’”。结果弄得严肃的主考人也忍俊不禁。该学生就因这么一句回答而败北。试想，一个对其产品一无所知的人，怎么可能会被录取为销售人员呢？

3. 把自己的资料准备妥当

有些行业在学历、能力、年龄各方面都有限制，事先要核查一下自己的资格是否符合条件，千万不要存有碰运气的念头。如果自己符合应聘条件，还要确定自己可以胜任哪种职位；然后要准备好自己的毕业证书、学位证书、专业资格任职证书、获奖证书、身份证、推荐信等材料。

参加求职面试，除了随身要携带必要的证书、文凭、照片等必需品之外，还要事先做好以下五个方面的准备工作。

（1）背熟自己的求职履历

常常遇到有些求职太过频繁，而自己的求职履历则又是经过精心“包装”的人，轮到面试时有时连自己都记不清究竟“工作经验”是怎样“排列组合”的了，一旦上阵便迅速“露出马脚”，不战自败。

求职者应对自己的求职履历和经历熟记于心，这样在面试回答问题时才能从容流利地对答。从另一方面来看，如果一位求职者对自己的履历都不能熟练陈述，那意味着其未达到最基本的求职要求。

（2）准备好同所申请的职位相吻合的“道具”

身上穿的、手上戴的、全身上下的衣着均能反映出求职者对所申请的职位的理解程度。试想如果一家五星级酒店招一名公关经理，而应聘者下雨天穿着高筒套鞋去面试恐怕同所申请的职位形象相去甚远，所以面试时的“道具”也应有所选择。

（3）准备好同自己身份相吻合的语言

每个人都应对语言有所选择，面试不同于闲聊，张嘴就来，可以不假思索。每句话，每一个词都应有所挑选。如不少不谙世事的求职者参加面试时张口闭口“你们公司怎么怎么样”，听多了肯定会引起别人的反感，应该十分有礼貌客气地说“贵公司”，这就是礼多人不怪！

（4）准备一套适合面试的服装

对于一个大学毕业生来说，毕业工作意味着社会角色的转变，求职是参加工作的第一步，穿着一定要符合你的新的社会角色。对男同学来讲，拥有一套合身、穿着舒服但不是很昂贵的西装是非常有必要的。对女同学来讲，暂时把时装收起来，身着职业套装会平添几分成熟和风韵。

（5）准备好同选择的职业和身份相吻合的行为规范

面试时的细小行为最能说明一个人的真实情况，试想一个个人物品杂乱无章，甚至连钢笔都找不到的人，是很难受到面试考官青睐的。

法国银行大王恰科年轻的时候，一直想要当一名银行家，曾多次到银行去谋职，但都吃了“闭门羹”。有一天，他又到一家很有名气的银行找到董事长，诚恳地要求能被雇用，但董事长摆摆手回绝了。这已经是第52次失利了，恰科在心里暗暗嘀咕着。就在他跨出董事长办公室门口时，他发现地上有一枚大头针，便“下意识”地弯腰把它拾了起来，轻轻地放进了废纸篓里。第二天一大早，还在梦中的恰科被一阵清脆的电话铃声惊醒，一个突如其来但又振奋人心的消息从电话的那头传来：“恰科先生，恭喜您成为我们银行的员工。”原来，就在恰科弯腰拾起大头针时，董事长看见了这一微小的举动。银行的工作，关键就在于心细，而且对于整个部门其他事项也应给予关注。董事长见微知著，慧眼识真，认为恰科是一个难得的人才。正是恰科这一“针”不苟的认真负责态度，使得他在法国银行界平步青云，功成名就。

二、履历表的写法

应聘前应根据所应聘单位的性质写一份或几份履历表，要强调自己某一方面的特长，以符合所应聘单位的要求。

履历表一般不要手写，最好打印，这样显得整洁、清楚。

具体履历表的写法如下：

履历表

(1) 基本情况介绍

姓名：＿＿＿＿＿ 性别：＿＿＿＿＿

年龄：＿＿＿＿＿ 身高：＿＿＿＿＿

籍贯：＿＿＿＿＿ 体重：＿＿＿＿＿

政治面貌：＿＿＿＿ 毕业院校：＿＿＿＿

(2) 学习情况介绍

介绍几年间自己总的学习情况、平均成绩、主攻方向，分别列出自己所学科目。

经济方面：＿＿＿＿＿

市场学方面：＿＿＿＿＿

金融方面：＿＿＿＿＿

财会方面：＿＿＿＿＿

外语方面：＿＿＿＿＿

重点介绍所应聘单位的职业涉及的方面。

(3) 实习实践情况：＿＿＿＿＿

(现代社会强调实践经验，单纯读书好的学生，不一定能获得用人单位的赏识，因此强调这一方面对应聘很有好处。实习实践情况包括自己发表文章情况、在企业实习情况、社会实践情况等。)

(4) 参加社团活动情况：＿＿＿＿＿

(5) 具有的专长爱好：＿＿＿＿＿

(选择有说服力的，尤其是针对用人单位感兴趣的方面列举自己的特长。)

(6) 科研活动情况：＿＿＿＿＿

(7) 获奖情况：＿＿＿＿＿

(8) 附证件、获奖证书、学习成绩单等：＿＿＿＿＿

(9) 留下通信地址、电话等联系方式：＿＿＿＿＿

填写履历表应注意的礼仪如下。

①回忆自己的辉煌历史，列出引以为豪的写在履历表上。

②不能夸大自己的情况，只有根据事实强调你符合用人单位的要求。

③层次分明，语言清晰明了。

④手写字迹不能潦草，不能有错别字或遗漏字。

⑤用标准格式的纸张，忌用彩色纸张。

书写履历表应遵循以下原则。

1. 诚实原则

虚假的履历表可以蒙混一时，但对面试尤其是以后的工作会带来极大的隐患，一旦被发现，恐怕个人损失会不可估量。例如，有人使用假毕业证以骗取用人单位的信任和欣赏，一旦东窗事发，只能是被扫地出门。所以，履历表的真实性的问题是个人人品的问题，切不可因为一时之利而糊涂行事。

2. 效率原则

在设计书写履历表的时候，最常见的是一份履历表包打天下，无论什么单位，都千篇一律。而且，履历表的内容过于丰富，什么都写，唯恐遗漏。其实，人事部门的人并非神仙，如果仔细看所有的履历表，将会使得工作效率严重降低。所以，他们一定会先大致筛选一遍，将重要的挑选出来，然后仔细阅读。这样，那些冗长而毫无特点的履历表就只能石沉大海。因此，履历表应遵循效率原则，需要什么写什么，并且需要根据自己所要面试的单位、职务来写。

根据上面的两个原则，履历表的填写大致要做到以下几点。

（1）信息要真实，有些信息可以省略，但不可编造事实或严重夸张事实。

（2）履历表要简洁、美观，但不能华而不实。

（3）要善于突出信息重点，抓住审阅者的眼球。

（4）不可盲目谦虚，甚至贬低自己。

（5）最好打印，也可以手写，但应做到美观、整洁。

三、面试礼仪

1. 面试前的礼仪准备

面试时应注意的礼仪有以下三点。

（1）外表修饰

“漂亮是推荐自我的资本。”在国外，大约有15%的招聘者把应聘者的外表看成是决定录用与否的非常重要的因素。虽然应聘者的五官相貌很难改变，但是他的穿着打扮、风度气质、谈吐是可以改变一个人的印象的。

外表的要求如下。

①衣着合体，款式搭配合理，色调和谐。

②不要追求时髦，应美观、简洁、大方。以大多数人的眼光来看，过分追求时髦的人常会被看做只追求外表美的人。

③服装整洁，尤其注意领口、袖口不要有脏的地方，衣服要勤换洗。

④在力所能及的范围内买套质地好的衣服和一双较好的皮鞋。

⑤注意将指甲剪短，不要藏污纳垢。

⑥女性化淡妆，不要浓妆艳抹。

⑦头发洗干净，梳理整齐。

某中职毕业生去某公司公关部应聘。面试过程并不复杂，他准备得也很充分。但是，公关部经理最终并没有录用他。得知消息后，他找到一位在该公司工作的校友打听他落选的原因。该校友告诉他，公关部经理认为，他的仪表方面没有问题，但是不注意修剪指甲、剪短鼻毛等细节，因而不太适合做公关礼仪工作。

（2）心理准备

树立诚实、自信、谦虚、尊敬他人的心理，这需要平常的道德修养。许多人由于缺乏道德修养而丧失了工作的机会。

①要对自己有充分的自信。要正确地评价自己，包括性格特征、优缺点、兴趣、爱好，保持积极的心态，对自己要有充分的自信，不断地鼓励自己。同时，还要考虑好自己在哪些方面适合这个职位，以及自己为什么是这个职位的最佳人选。

②要以平等的心态面对主考官。不能有怯场的心理，避免在临场面试条件下心情过分紧张和焦虑，导致感觉的敏锐性下降、反应慢、适应能力和记忆受阻，注意力不能集中，影响能力的正常发挥。

③要有顽强的意志。面对任何困难和挫折都要有坚韧不拔的意志，向着目标前进，相信有志者事竟成。

某大公司招聘总经理助理，由总经理亲自面试。应聘者小张、小邓和小孙来到总经理办公室后，总经理一见面就表示在某研讨会上见过他们。小张和小邓赶紧把握机会和总经理套近乎，而只有小孙表示总经理似乎认错人了。最后总经理招聘了小孙，原来，那次研讨会根本不存在。

（3）知识准备

应聘前应读些有关应聘技巧和有关应聘职业的书籍。在应聘时如果应聘者对应聘职业能够侃侃而谈且有自己独特的见解，将会大大增加进入该单位的概率。

（4）东西的准备

面试时所需要准备的东西包括公文包、求职记录笔记本、多份打印好的简历、面试准备的材料、个人身份证、登记照等，所有准备好的文件都应该平整地放在一个牛皮纸的信封里。

2. 面试程序

参加面试有一定的程序、规律，具体做法如下。

①提前 10 分钟赶到面试地点。

②进入房间时，应先敲两下门，等对方说“请进”时方可进入，然后向对方行点头礼或鞠躬礼，最后关上门。

③走到椅子旁边时，应恭敬地自我介绍：“我是 × × ×”，并说明名字的写法。

④当对方请你坐下时，说声“谢谢”再坐下来；如果对方未请你坐下，应礼貌的询问：“我可以坐下吗?”然后等对方回答后再坐下。

⑤坐姿端正，两手自然轻放在膝上，千万不要两手下垂，或是在胸前、背后交叉。

⑥注视对方说话的神情，仔细聆听问题的内容，然后从容回答，不可半途插嘴或反问。

⑦简明扼要地回答一切问题。如果谈论自己的设想、建议、计划等，则可详细谈论，但言谈必须礼貌，提到应聘公司时要尊称“贵公司”。

⑧面带微笑，举止得体。

⑨面谈结束后，行礼、握手后再离开。

某中职电子技术专业的小强好不容易才通过了用人单位的几道招聘程序，几关下来，还算比较顺利，最后一关是与用人单位领导面谈。面谈中，尽管领导曾当场提示他：“不要着急，放松些。”但他急于求成，没有在意领导的提醒，常常是领导的话还没有说完，小强就表示知道了领导要表达的意思，并按照自己的理解做了回答。过了预定的日期，他没有收到任何消息，他这才觉得自己在应聘中谈话的表现有欠妥之处。

3. 面试问题的回答

当主考官问到以下问题时应怎样有礼貌地回答呢？

（1）“请你谈谈自己吧。”

①此时不要谈些无关紧要的事，如父母情况、小时调皮、自己的朋友等，应简要地介绍自己的姓名、年龄、毕业学校，重点介绍自己的能力、特长和成绩。

②只讲正面的事情，并且用具体事例、具体成绩来补充说明。

③介绍内容要集中在与这一工作有关的能力上。

④简单明晰，不要超过3分钟。

⑤介绍完后问问对方是否还要了解其他方面的情况。

（2）“你的人际关系如何？”

①对这一问题应举实例证明。

②不要高谈阔论地吹牛。

③可以说“我和我的同学、老师相处得很好，并且成为好朋友”。如果是事实，以此来证明自己的人际关系。

（3）“谈谈你的缺点。”

①用坦诚把缺点变成优点，如“刚从学校毕业，经验不足，相信随时间积累会干好”等。

②可以谈些无关紧要的或很明显的缺点，比如字写得不大好等，但应对应聘者来讲不是致命的缺点。

③优点当成缺点来说，但要适度，如可以说“我对自己期望过高”，但是不可过分说成“我是个完美主义者”。

（4）“为什么要辞职，到我们公司来？”

不要纯粹说是工资待遇高这样让主考人员认为你是为了薪金而来，这样会让主考人员担心你也会为了更高的薪金而离开；可以说在原来单位不能发挥自己的才干、专业不对口等。

回答了以上问题之后，主考官还可能根据你的言行举止决定是否录用。如故意让你等半个小时，以观察你的举止是否“原形毕露”。为避免这种情况的发生，应聘时最好带一本书，轮不到自己应聘时就认真看书，但关键问题是平时修养要好，这样才能自然而不会失礼节。

小贴士

面试时经常出现的主要问题如下。

（1）谈谈你对我单位的看法。

（2）谈谈自己的情况。

（3）你为什么要来我单位工作？

（4）你的人际关系怎样？

（5）老师对你的评价如何？

（6）你的主要缺点是什么？

（7）你有什么特长？

（8）你有哪些业余爱好？

(9) 你对什么最感兴趣? (10) 你在工资待遇方面有何要求?
(11) 你对工作有关的理论知识掌握得如何? (12) 你的经验符合工作要求吗?
(13) 这项工作压力大、困难多,你能承受得了吗? (14) 工作中遇到麻烦怎么办?
(15) 你的家人支持你的工作吗? (16) 今后在事业上的打算是什么?
(17) 你今后准备再学习吗? (18) 你准备今后再调换工作吗?

4. 面试时的忌讳

①面试前不喝酒、不吃辛辣的食物。喝酒会使人的大脑反应迟钝,并且说话时会带有酒味,给主考官留下“酒鬼”的印象;吃辛辣的食物,如葱、蒜等会使你呼出的气体带有葱蒜的味道,给主考官的印象也不好。

②面试时应提前 10 分钟赶到。如果迟到,有 70% 的概率有害于获得工作机会,有 50% 的概率使你丢掉工作机会。

③面试时不要带陪伴,带陪伴证明你缺乏信心。

④随身除了带公文包或手提包外,不要带其他物品。

⑤面试时不要吸烟,也不要嚼口香糖。

⑥谈话时不可以使用夸张的动作语言,不可以用主考官听不懂的方言或行话。

⑦与主考官谈话,不要引起争辩。因为你争辩成功了,伤了主考官的自尊心,他不会录取你;你争辩失败了,更不会录取你。所以一般情况下,不要和主考官争辩。

⑧谈话时不要抢话头,不要连珠炮式地发问。

⑨不要对对方的提问漫不经心。

⑩不要强调与主题无关的细枝末节,不要乱开玩笑。

⑪当对方谈兴正浓时,不要轻易转移话题。

四、其他礼仪

(1) 面试时在办公室的门外等候。进入室内时,要敲门进入,应用食指敲门,连续敲两三下,千万不可敲得太用力。等对方答应“请进”时方可进入,进门后不要用手随手将门关上,应转过身去正对着门,用手轻轻将门合上。

(2) 进入室内后先向对方行点头礼或鞠躬礼,同时有礼貌地说声“您好,打扰了。”然后向室内考官表明自己是来面试的,绝不可贸然闯入。

(3) 走到椅子旁边时,应恭敬地自我介绍:“我是 ×××”,并解释名字的写法。

(4) 不要自己先坐下,要等候接见者请你就座时,说声“谢谢”再坐下。如对方未请你坐下,应礼貌地询问:“我可以坐下吗?”然后等对方回答后再坐下,应该坐在对方指定的椅子上,如果对方未指明,应该坐在他的对面,坐姿要符合礼仪要求。

(5) 应该知道什么时候告辞。有些接见者以起身来表示面谈的结束,另一些人则用“同你谈话我感到很愉快”或“感谢你前来面谈”这样的辞令来结束谈话,这时,应及时地起身告辞,告辞时应同考官握手,面带笑容地感谢考官花时间与你面谈,感谢对方对你的关心。走出时,还应向接见者的秘书或引见人员道谢。

(6) 在走出面试室时先打开门,然后转过身来向考官行鞠躬礼并再次表示感谢。走出后，再轻轻将门合上。

【知识拓展】

案 例

一家医疗机构为了选拔护士长，领导在护士中进行了一次面试。护理专业的小孙在笔试中是佼佼者，但在面试过程中，她的脚时常不经意地敲打地板，身体还时不时地扭动。她认为自己很有希望，但结果却落选了。

案例分析：她落选的原因就是她缺乏职业化的举止。

（1）许多面试者往往只注重衣着和话语，而忽略了胜过有声语言的形体语言。职业化的举止，就是一种无声却胜过有声的形体语言。形体语言是指人的动作和举止，包括姿态、体态、手势和表情。在面试中，面试者应该特别注意自己的站姿、坐姿、行姿和表情等。

（2）站姿给人的印象非常重要，但人们往往认为其简单而忽略它的重要性。站立应当身体挺直、舒展、收腹，眼睛平视前方，手臂自然下垂。这样的站姿给人一种端正、庄重、稳定、朝气蓬勃的感觉。如果站立时歪头、扭腰、斜伸着腿，会给人留下轻浮、没有教养的印象。

（3）面试时的坐，不要贪图舒服。许多人养成了瘫坐的习惯，在面试时一下子就表现出来了。正确的坐姿从入座开始，入座的动作要轻而缓，不要随意拖拉椅子，身体不要前后左右晃动，背部要与椅背平行，安静地坐下。落座后，上身要保持直立状态，既不前倾，也不后仰。双手自然下垂，肩部放松，五指并拢。男女的坐姿还有一定的区别：男士可以微分双脚，这样给人以自信、豁达的感觉，双手可以随意放置；女士一般要并拢双膝，或者小腿交叉端坐，这样，给人端庄、矜持的感觉，双手一般要放在膝盖上。

【学以致用】

（1）判断正误。

①面试从面试者接到面试通知的那一刻就已经开始了。（　　）

②面试前应收集招聘公司的相关材料。（　　）

③可以将自己认为重要的信息浓缩到简历的前两页上。（　　）

④面试交谈时可以使用方言。（　　）

（2）面试前应做好哪些心理准备？

（3）应如何准备个人简历？请为自己设计一份个人简历。

（4）在你求职的第一个环节，考官都在给你的素质打着分数。不妨事先先给自己打打分，这样可以做到心中有数。以下自我介绍礼仪的个评分标准，可供自评时参考。

自我介绍礼仪评分标准（满分为 100 分）

①内容（50分）

A. 详略得当，有针对性；

B. 言之有物，评价客观；

C. 层次清晰，合乎逻辑；

D. 文理通顺，富有文采；

E. 简单明了，清楚明白。

②仪表（10分）

A. 服饰整洁、得体，女子适度淡妆，男子适当修饰；

B. 精神饱满，落落大方，面带微笑。

③态势（10分）

A. 站有站相，坐有坐相，走有走相，步履稳健，从容自如；

B. 面部表情、手势与有声语言协调。

④礼节（10分）

A. 开头（见面）礼节；

B. 告别（离去）礼节。

⑤语言（15）

A. 脱离讲稿；

B. 使用普通话或英语（其他外语），口齿清楚，声音洪亮；

C. 有一定节奏，语言流畅，发音准确。

⑥时间（5分）

介绍过程1~3分钟，过长或过短适当扣分。

第二课 工作礼仪

酒店里第一流的设备重要，而第一流的微笑更为重要。如果缺少服务人员的微笑，就好比花园失去了春日的阳光和春风。

——希尔顿

应知导航

（1）做一名合格的员工有哪些需要遵守的礼仪？

（2）接待第一次登门或不曾预约的客人时，应该怎么做？
（3）与同事相处时，有哪些需要注意的地方？

【知识探究】

工作礼仪是指一个人所具备的对工作产生直接影响作用的品质，包括待人接物的能力、首创精神、办事能力与效率、执行上司指示的态度等，在工作场合，言行举止彬彬有礼是事业成功的基础之一。

一、做一名合格员工的礼仪

1. 准时上班，按时下班，保持环境整洁

上班时间，是开始工作的时间。从进门到坐到自己的座位上至少需要几分钟时间，因此应在开始工作前10分钟到达公司。如果是新来的公司职员，还应再提前一些，负责打扫卫生及打开水等工作。上班是否准时反映你对工作是否敬业。

到了下班时间，如果已经做完了工作，就可以向周围的同事打声招呼："我先走了"，再自行离去。下班之前，应将办公桌上的文具和文件等放整齐，将椅子放回原位。

2. 穿着整齐，修饰得体

工作时间，必须穿着正式。女职工不能在写字楼内化妆，尤其是有异性同事在时。不能在办公桌上摆满化妆品。如果办公室设有女衣帽间，则可兼作化妆间，否则，就应在洗手间整理。

3. 承担责任，不推诿

勇于承担责任，不要推诿给同事，这是工作中与同事处理关系的非常重要的一点。如果有轻微的事被弄错了，上司追问起来，即使那件事大家都有点儿责任，你应直截了当地给上司解释明白。做一名敢于担当的员工，这样会得到同事的尊重。

4. 讲求效率，不干私事

私人事情不要带到工作中去。每个人都要谨记，公司付给薪金，目的就是需要员工做好本职工作，所以每个人应该尽责地做好自己分内的事情。

有许多公司严格地执行一些规矩，例如办公时不能接听私人电话，不能随便跑出去买香烟，规定了用午膳的时间，上班、下班要准时等，作为员工，应该不折不扣地执行。

小谢中职毕业后在某公司就职，她性格活泼开朗，朋友非常多。朋友多，电话自然就多。小谢上班时总是接一些私人电话。接到朋友的电话，小谢总是很高兴，常常旁若无人地与朋友谈笑风生，似乎总有说不完的话。可是，她没有觉察到周围同事们那带有责备的目光。

5. 对上司和同事要讲究礼貌

在工作中禁止使用俗语、流行语以及亲近而不严肃的话语，尤其是那些刚参加工作的职员，更要注意用尊敬的语气说话。"你好"、"早安"和"午安"是工作中最普通的礼貌用语，对同事也不能因为熟悉而将其省略，对于不相识却常见的人或一同坐电梯的人，适当时也要向人问好。

6. 切忌以下行为

①将办公室的用品拿回家使用。

②用公司的邮资寄送私人的信件。

③以公司的电话打私人的长途电话。

④开着公车办理私人的事情。

⑤嫉妒别人，中伤比你提升得快的人。

⑥把别人的功劳据为己有。

⑦未能信守诺言，泄露他人的秘密。

⑧造成损失和破坏却不敢承认。

⑨吃公司或单位的回扣。

二、办公室人际交往礼仪

我们工作的空间主要在办公室。办公室里的待人接物、一言一行，对人际关系、办公环境以至对工作能否顺利进行，都有着不可忽视的影响，甚至还关系到本单位的外部形象。因此，了解并掌握相关的办公室礼仪就显得非常重要。在错综复杂的人际关系中，要善于与各种人打交道，处理好各种关系。

1. 与上级相处的礼仪

最基本的观念是：无论职务高低，人格上大家都是平等的。下级要尊重上级，但也要做到不卑不亢。在完成上级安排的工作中，对于上级的决定如果有不同意见，下级可委婉地提出；若上级的决定已不可更改，则要服从上级的安排。与上级相处的关键是配合默契，并得到上司的信任和支持。

（1）尊重拥护

人的能力有强有弱，上司也一样，但无论什么样的上司，都需要下级的尊重与拥护，有些上司能力平平、成绩寥寥，没有引以自豪的地方。但不要因此认为这样的上司就是不中用的人，他一定是有某种优点才会受到上司的提拔。总之，不论他是否值得我们敬佩，我们都需要尊重并拥护他。这种类型的上司，心里会强烈地希望得到下属的尊重和拥护。如果下属能够对外宣传上司的优点，一旦风声传到了他的耳中，他就会更加严格地要求自己，更加关心下属。千万不要在背后议论上司的私事，更不能向别人抱怨或说上司的坏话。

（2）摆正位置

作为职场中的一员，首先应该摆正自己的位置，踏踏实实地做好本职工作。在工作中，并不是越卖力越积极就越好。任何事情都有一个“度”的问题。否则就是“越位”。拍板是上司的事，不能不顾自己的身份，随意替上司拍板，即使上司征求你的意见，也要站在上司的角度充分考虑，并以建议的口吻说出自己的看法；有些应该由上司出面的工作，千万不要抢先去做，从而造成工作越位；有些场合应当突出上司，作为下属，不应表现得过于积极。

（3）热心帮助

上司也有上司的苦恼，他们可能会因为工作头绪繁多而忙得焦头烂额，可能会因为事业发展阻力太大而停滞不前，可能会因为家庭纠纷而沮丧不已。大多数下属遇到这种情况会表现出逃避的姿态，他们觉得上司办不了，自己也帮不了。其实，只要你说出一句“我来帮帮您”的话语，上司就可能感激不已。

(4) 适度恭维

对于上司，尤其那些自恃头脑聪明、交际广泛，认定自己是一个了不起的人物的上司，对于这样的上司要适度恭维。在恭维时，要找准确实需要增光添彩的“闪光点”，最好郑重地讲给第三者听。这种恭维，不管当着上司的面，还是在上司的背后讲，都能起到很好的效果。虚心请教也是明智的做法，但要做得真诚，不留痕迹。总之，恭维上司应讲究方法，要做到适度，而且要根据上司的个性和风格。

(5) 积极靠拢

有的上司在官场上一帆风顺，他们从一个级别晋升到一个较高的级别，甚至越级提拔，往往只用了很短的时间，他们之所以提拔快，往往是因为有着与众不同的优势，或者能力出众，或者功绩卓越等。他们对待下属往往有这样的心理：一是敢于提拔，二是乐于提拔，三是对于需要提拔的下属也有苛刻的要求。因此，对这类上司要积极靠拢，诚诚恳恳地和他们进行思想上的交流，认认真真地执行他们所作出的决定，严格地按照他们的要求去办事。

与上司相处，尤其应该慎重，应该知道相处中的一些禁忌。

①忌锋芒毕露；

②忌唯唯诺诺；

③忌表里不一；

④忌不分彼此；

⑤忌夸夸其谈；

⑥忌牢骚满腹。

2. 与同事相处的礼仪

同事之间长时间相处，彼此关系是否融洽、和谐，不仅对工作环境有直接影响，而且对工作能否顺利进行也有很大影响。

①注意称呼。人与人之间直呼其名是最亲切、最随便的一种称呼，但只限于长者对年轻人或关系亲密的人之间。年纪较小、职务较低的人对年纪较大、职务较高的人直呼姓名是不礼貌的，可称“老李”、“老王”或以职务相称；反之，年纪较大、职务较高的人可以对年纪较轻、职务较低的人称呼其姓名。

②尊重同事。尊重同事即尊重其人格。公务交往时，“您”、“请”、“劳驾”、“多谢”等礼貌用语要话不离口。不要轻易与长者、前辈和不太熟的同事开玩笑。切忌污言秽语，更不要讲低级庸俗的笑话（尤其在女同事面前）。尊重同事的人格，还包括尊重同事的物品。同事不在或未经同事允许的情况下，不要随便动用他人的物品。

③与同事紧密合作。请求同事帮助时要委婉地提出，不能强求；同事请求帮助时，要

尽最大努力予以相助。与自己喜欢的和不喜欢的同事共处一室，在与每个人交往时态度上要一视同仁，在工作中要把“公事”和“私事”分开。

古时候，有甲乙两位办事员被派出去办事，他们各自带着一包行李出门，一路上重重的行李将二人的行走速度减缓了，他们左手累了换右手，右手累了又换左手。忽然，其中一人停了下来，在路边买了一根扁担，将两件行李一前一后挂在扁担上，他挑起两件行李上路，反倒觉得轻松了许多，这样两个人一人挑一段路，既互相增进了感情，又加快了行走的速度。

④公平竞争。工作中存在竞争是不争的事实。我们提倡在工作上多进行公平竞争，公平的竞争能够促进工作的开展；在物质利益和日常琐事中则要少竞争，更不可贬低同事抬高自己，甚至踩着别人肩膀往上爬。

小贴士　同事相处十大禁忌

（1）同事之间不宜相互推脱责任。
（2）同事之间不宜背后议论。
（3）同事之间不宜互相造谣中伤。
（4）同事之间不宜妒忌。
（5）同事之间不宜自我封闭。
（6）同事相处不宜感情用事。
（7）同事相处不宜缺乏感情交流。
（8）同事相处不宜口是心非。
（9）同事相处不宜妄自尊大。
（10）同事发生矛盾不宜针锋相对。

三、办公室的接待礼仪

办公室接待客人的规格虽没有正式接待那么复杂，但同样要热情周到，讲究礼貌。这不仅体现了个人修养，同时也反映了公司的良好形象。

有客人来访时，要站起身来，主动迎上几步，握手寒暄，请客人进屋落座，并倒上茶水，双手递过去，说一声“请用茶”。上茶水前可事先请教客人的喜好是茶、咖啡或其他饮料。

小贴士　接待来访时的5种正规称呼

（1）称呼行政职务。在人际交往中，此类称呼最为常用，意在表示双方身份有别。

（2）称呼技术职称。对于具有技术职称者，特别是具有高、中级技术职称者，可直接称其技术职称，以示对其敬意有加。

（3）称呼职业名称。一般来说，直接称呼被称呼者的职业名称，也是可行的。

（4）称呼通行尊称。适用于各类被称呼者，如“同志”“先生”等，但要注意其具体适用对象。

（5）称呼对方姓名。对同事、熟人，可直接称呼其姓名，以示关系亲近，但对尊长、外人不可如此。

很多时候，一些突如其来的紧急事件常会打乱你的时间安排。若有事脱不开身，需让对方等待，记住千万不要冷落客人，要向对方解释，并表示歉意，并且尽可能地安排他人代为接待或另约时间。客人告辞离开，要起身将客人送到门口，礼貌地说：“感谢您的光临”“欢迎您下次再来。”

四、摆脱办公室尴尬的“四不良”和“八不要”

1. 办公室四大不良习惯

（1）穿着暴露。在着装方面稍微不注意（比如过短的裙子和透明的上衣）都会影响一个职业女性的形象。出门上班之前，应该养成习惯在穿衣镜前认真检查一下，弯弯腰，伸伸手，并坐下来看自己是否暴露了不应该暴露的身体部位。

（2）上班迟到。上班迟到的习惯会使人显得缺乏敬业精神，作为一个尽职的下属，至少应该比上司提前15分钟到达办公室。

（3）办公室闲聊。在办公室与同事进行适当的交流是可以的，但上班时间的闲聊必须有一定的分寸。如果花太多的时间与同事聊天，就会给人留下一种无所事事的印象，同时还会影响同事按时完成工作。

（4）错误的隐身人。不能为了不打搅别人的工作，而总是避免和同事进行面对面的交流，因为，这样会使人逐渐地从同事中孤立出来，也无法引起上司的足够注意。所以，应该学会向同事们问好，不要事事都通过电子邮件来处理。有的工作要主动及时地给上司提交备忘记录。

2. 办公室人士的“八不要”

（1）不要将工作和个人生活混在一起。如果必须在工作中处理私人事情，则要留到休息时间，不要在工作时安排朋友到办公室来拜访。

（2）不要滥用有权利使用的东西。例如，传真机、抬头信纸和其他办公用品。

（3）不要把各种情绪带到办公室里，尤其是情绪不好时，因为这样容易控制不住并与别人发生冲突。每个人都会有情绪不好的时候，但办公室不是倾泻情绪的场所。

（4）不要在办公室里讲粗俗的话。

（5）不要在办公室里大哭、大叫或做其他感情冲动的事。如果实在忍不住悲伤，应离开办公室，关上门或到休息室里去，等情绪好了再说。如果控制不住愤怒，应该采取这个办法，深呼吸或做些其他放松的事情。

（6）不要不打招呼就突然闯到别人的办公室里。应先打电话或面对面约一下。打断别人的谈话，或希望别人能停下来并注意自己是很不礼貌的。

（7）不要抱怨、发牢骚或讲一些不该讲的故事。

（8）不要将办公室搞得乱糟糟。抓紧时间在每天下班前将能做的事情整理好，或至少将要放在一边的工作简单整理一下。

五、办公室恶习

1. 偷懒

偶尔偷懒是人之常情，紧张的工作总是要适度的放松。通常，如果不是很离谱，上司大多不会计较。但是偷懒上了瘾可就不是一件好事了，这甚至会影响升职和加薪。

2. 情绪化

人难免有情绪，但总是把情绪和工作搅在一起，老是用“最近情绪很低落”“失恋了”“和家人冷战”等当做表现不力的借口，这不会使主管信服。平时可以通过看一些心灵小品的书来提高自身的情绪管理能力。

3. 迟到

习惯迟到，却丝毫不以为意，不管上班或开会，总是让同事苦等。这种经常性的迟到，不仅是上司，可能连同事都会因此而不满。

4. 不负责

把“都是×××的错”挂在嘴边是最大的错。其实每个人都会犯错，主管应该也能容忍并体谅下属犯错，重要的是能从错误中吸取教训，下次不要再重蹈覆辙。无论犯了什么样的错，通常只要勇于承认，愿意负责，都能博得大家的谅解甚至尊敬。

5. 过分积极

积极基本上是值得鼓励的，但太过积极可能会激起公愤。例如，看到同事们聚在一起，非得凑过去，生怕漏掉什么重要消息；明明与自己无关却老想插手或发表意见等，诸如此类。对分内的事积极绝对是值得赞赏的，但若积极到过界，那可能招致大家的反感。

六、公共设施的使用礼仪

作为单位的公共财产，在使用复印机、传真机、书报刊、会议室等公共设备、设施时，首先应该要爱惜，然后在使用的时间上，与其他同事发生冲突时，应该懂得谦让。

1. 复印机的使用礼仪

复印机是公司使用频率较高的公共设备，同事间容易在使用时间上发生冲突，一般来说，遵循先来后到的原则，但是如果后来的人印的数量较少，可让他先印。当先来的人已花费了不少时间做准备工作，那么后来者就等一会儿再来。

当碰到需要更换碳粉或处理卡纸等问题时，如果自己不能处理，就请别人来帮忙，不要一走了之，把出了问题的设备弃之不管，给他人的使用带来麻烦。

使用完毕后，不要忘记将自己的原件和复印件拿走，否则容易丢失原稿或泄露信息。再就是要遵守公司的使用规定，将复印机设定在节能待机状态或者关机。

在公司里一般不要复印私人的资料。

2. 传真机的使用礼仪

传真机的使用与复印机类似。当你有一份很多页的传真需要发，而等候在你之后的同事只需传真一两页时，应让他先用。当传真机缺纸或出现故障时，应及时找出原因，先处理好再离开，如不懂修理，就请别人帮忙。不要把问题留给下一个同事。

使用完毕后，不要忘记将自己的原件拿走，否则容易丢失原稿或泄露信息，给自己带来不必要的麻烦。

与使用复印机一样，在公司里一般不要私发传真。

3. 借阅书报的礼仪

需借阅公司的书报时，应先向图书室或资料室申请，填写借阅登记表。使用这些资料时应尽量保护完好，不得在上面批划、涂改，更不能将书报撕扯或割页。

遵守公司的借阅规定，不得私自将有保密要求的资料带出公司或者复印。严格遵守借阅时间，使用完毕后，应立即归还，以免丢失。

4. 会议室的使用礼仪

为了使各项工作顺利进行，应该尽量避免会议室的使用时间与别人发生冲突，因此，使用会议室之前，应该事先向管理人员进行预约。

保持会议室的整洁干净。不管你是用于什么事务，都要保持会议室的干净和整齐，不要把会议资料留在会议室，走之前要将桌面清理干净，保持会议室的良好卫生环境。

使用会议室的投影仪、音响等设备时，要请相关人员提前调试好，不要自己乱动设备，以免损坏。

【知识拓展】

案　例

中职毕业5年的王先生得到总经理的注意并拟提拔为营销部经理。为了慎重起见，总经理决定对他再进行一次考查，恰巧总经理要去省城参加一个商品交易会，需要带两名助手，总经理选择了公关部杜经理和王先生。

出发前，由于司机小王乘火车先行到省城安排一些事务，尚未回来，所以，他们临时改搭乘董事长驾驶的轿车一同前往。上车时，王先生很麻利地打开了前车门，坐在驾车的董事长旁边的位置上，董事长看了他一眼，但王先生并没有在意。

车上路后，董事长驾车很少说话，总经理好像也没有兴致，似在闭目养神。为活跃气氛，王先生寻一个话题："董事长驾车的技术不错，有机会也教教我们，如果大家都会开车，办事效率肯定会更高。"董事长专注地开车，不置可否，其他人均无应和，一路上，除董事长向总经理询问了几件事，总经理简单地作了回答外，车内再也无人说话。到达省城后，王先生悄悄问杜经理：董事长和总经理好像都有点不太高兴？杜经理告诉他原委，他才恍然大悟，"噢，原来如此。"

会后从省城返回，车子改由司机小王驾驶，杜经理由于还有些事要处理，需在省城多住一天，同车返回的还是4人。这次不能再犯类似的错误了，王先生想。于是，他打开前车门，请总经理上车，总经理坚持要与董事长一起坐在后排，王先生诚恳地说："总经理您如果不坐前面，就是不肯原谅来的时候我的失礼之处。"并坚持让总经理坐在前排才肯上车。回到公司，同事们知道王先生这次是同董事长、总经理一道出差，猜测着肯定提拔他，都纷纷向他祝贺，然而，提拔之事却一直没有人提及。

案例分析：在这个案例中，王先生犯了以下错误。

（1）在董事长驾车的时候，王先生打开车门后应该让总经理坐在董事长旁边的位置上。这是对其上司总经理的基本尊重。

（2）在董事长驾车的过程中，王先生寻找的那个话题过于唐突，不符合其现在的小职员身份，而且驾车过程中与司机搭讪也不符合驾车的基本礼仪。

（3）会后，王先生错误地理解了杜经理的意思。事实上董事长和总经理作为公司最高层的管理者在车上肯定有一些问题需要讨论，王先生的做法则显然背离了总经理的初衷。而且直接点出总经理对其来的时候的行为的介意，其实有指出总经理不够宽容的嫌疑。

【学以致用】

（1）办公室工作的一般礼仪原则有哪些？

（2）遇到棘手的问题可以越级去见别的上司吗？

（3）马上就要迟到了，小王来不及化妆迅速赶到公司后，就在办公室化起妆来，结果被经理看到狠狠地批评了一顿。请说说小王犯了哪些错误？

（4）与上司相处有哪些需要注意的地方？

第三课 会议礼仪

会议的议程必须事先准备妥当，并分发给与会人员，这样可以使他们心中有数，做倾听、发言的准备。必要时还可以向讨论论题有关的部门收集信息，以便会上提出准确的数据和资料。

——托马斯·默菲

【应知导航】

（1）会议的准备工作包括哪些？

（2）展览会的特点是什么？应注意哪些礼仪？

（3）座谈会上有哪些礼仪？

【知识探究】

会议是为实现一定的目的，由主办或主持单位召集组织的、由不同层次和不同数量的人们参加的一种事物性活动。会议的目的多种多样：布置任务、解决问题、交流经验、调查情况、沟通信息、纠正错误等。但是，无论什么目的，要想取得良好的效果，会议的组织、参加、进行就必须讲究礼仪，以便与会者能很好地沟通思想感情。因此，会议礼仪是会议取得成功的重要保证。

一、会议的准备工作

会议前的准备工作中，需要注意以下几个方面。

①会议开始时间、持续时间。

②会议地点确认。

③会议出席人。

④会议议题。

⑤接送服务、会议设备及资料、公司纪念品等。

1. 会议前的具体工作

在会议的种种组织工作中，以会前的组织工作最为关键，大体上包括以下四个不同的方面。

（1）会议的筹备

举行任何会议，皆须先行确定其主题（包括会议名称）。这是会前有关领导集体已经确定了的。负责筹备会议的工作人员，则应围绕会议主题，将领导议定的会议的规模、时间、议程等组织落实。通常要组成专门班子，明确分工，责任到人。

> **小贴士**
>
> ·不要忘记给每人准备好一份会议材料。
>
> ·要将会场的桌椅摆放好，确认是否需要录像机、录音机等设备。

（2）通知的拟发

按常规，举行正式会议均应提前向与会者下发会议通知。它是指由会议的主办单位发给所有与会单位或全体与会者的书面文件，同时还包括向有关单位或嘉宾发的邀请函件。基层公务员在这方面主要应做好两件事。其一，拟好通知。会议通知一般应由标题、主题、会期、出席对象、报到时间、报到地点以及与会要求七项要点组成。拟写通知时，应保证其完整而规范。其二，及时送达。下发会议通知，应设法保证其及时送达，不得耽搁延误。

（3）文件的起草

会议上所用的各种文件材料，一般应在会前准备妥当。需要认真准备的会议文件，主要有会议的议程、开幕词、闭幕词、主题报告、大会决议、典型材料、背景介绍等。有的文件应在与会者报到时就要下发。

（4）常规性准备

负责会务工作时，往往有必要对一些会议所涉及的具体细节问题，做好充分的准备工作。

①做好会场的布置。对于会议举行的场地要有所选择，对于会场的桌椅要根据需要做好安排，对于开会时所需的各种音响、照明、投影、摄像、摄影、录音、空调、通风设备和多媒体设备等，应提前进行调试检查。

②与外界搞好沟通。比如向有关新闻部门、公安保卫部门进行通报。

③会议用品的采办。有时，一些会议用品，如纸张、本

> **小贴士**
>
> 会场安排合理的标准。
>
> （1）大小要适中；
>
> （2）地点要合理；
>
> （3）附属设施要齐全；
>
> （4）要有停车场地。

册、文件夹、姓名卡、座位签以及饮料、声像用具，还需要补充、采购。

2. 会中服务礼仪

（1）会议签到。与会人员较少时，可以备签到簿签到；与会人员较多时，可采用发入场证（票）、签到卡、座次表签到和使用电子签到机等。

（2）会议主持。会议主持人处于会议的中心地位，主持人能否组织好会议是会议成功的关键。主持人除按预定的会议日程和程序主持会议外，还应注意：会议开始时，主持人要清楚地介绍会议的议题及安排；要围绕会议的目的和内容掌握好会场气氛，组织好讨论；会议结束时，主持人应准确、扼要地将讨论的情况和决议报告与会者。会议主持人要胸有全局，对议题要科学安排，对每一个议题需要的大致时间给予限定。另外，会议主持人一般应由具有一定职位或知名的人士担任，主持人既要体现出胸有成竹、沉稳自信，又要机智幽默并有驾驭全局的风度与气质。同时，主持人要讲究个人礼仪，如仪表、形体、语言的礼仪要庄重得体，符合公众共同认可的指向。

（3）会议发言、讨论、记录。会议发言安排要注意照顾不同层次、不同地区的平衡和主题的平衡。会议讨论通常采取分组的形式，各级要确定召集人和小组秘书，并及时与大会传递讨论意见，共同提高会议质量。会议记录是重要的文书档案，主要包括会议的组织情况（会议的名称、届次、时间、地点、出席者、缺席者、列席者、主持人和记录人等）和会议的内容（会议的议题、讨论发言、形成的决议等）。会议记录有摘要记录和详细记录两种。

（4）会议简报。大型会议往往要编发会议简报，以反映会议情况，指导会议正确进行。简报一般分为标题、导语、主体和结尾四部分。简报编写要真实、新颖、简洁、迅捷。简报可发给与会全体代表或只发给领导。

（5）食宿管理。在综合考虑与会人员的地区、行业、职位级别、性别、民族、年龄和健康状况等因素的前提下，编制住宿房间分配方案和分布图，并标注会议工作人员（会务组）房间及联系方式。在不保密情况下，可标明会议主办方领导及重要与会领导房间及联系方式。同时，可适当提供必要的信息资料（如商务中心、健身场馆、购物中心、城区出行车次和旅游景点等）。

（6）财务管理，即做好会议经费预算。主要包括：会场租用费、布置费、文件印刷费、证件制作费、办公用品费、住宿费、伙食补助费、交通工具费、医疗费、书报费、文娱费和其他符合会议规定的杂项支出费。会议要严格按预算支出，杜绝浪费和随意增加支出项目和费用。会议要认真搞好会议经费支出预算，对会议的各种物品全部收回。

（7）医疗卫生工作，主要包括疾病治疗、会场卫生、环境卫生、住宿卫生、个人卫生、食品卫生和饮水卫生等。大型会议要安排好会议医疗组，配备必要的药品和救护车，特别是防止食物中毒。

（8）交通安排。根据会议日程制定详细的使用交通工具计划，包括车辆的类型、数量、线路、发车时间、行驶时间、送达地点及会议机动（应急）车辆安排。

（9）保卫工作。保卫工作是保证会议正常召开和顺利进行的一环。主要包括出席会议人员特别是重要人物的人身安全、会议接送交通安全、会议场所（住所）的安全、会场内外与社会秩序的安全等，此外，还要做好饮食、财务、文化娱乐和各种用具、设备使用的安全保卫工作。

（10）保密工作。有些会议需要保密。涉及保密的会议分绝密、机密和秘密三级。保密的内容主要有：会议召开的时间、地点、与会人员；会议议题、内容、活动日程；会议文件、资料；会议记录、纪要、简报、快报；尚未公开的领导讲话、谈话；会议照片、录音带、录像带；其他涉密的工作事务。做好保密工作的措施有制定保密措施，进行保密布置，制定严格的保密制度，如会中会客制度、会议文件管理制度，不得冒名开会或带随员参加会议、会议内容不得向无关人员扩大，会议是否允许记录、录音、录像，会后会议精神的传达范围等。

3. 会后工作礼仪

（1）参观、游览等活动安排

安排好观察、游览的路线，车辆、门票、住宿、卫生及出发、活动和返回的时间。党政部门召开的会议要切忌搞变相旅游，造成不良影响。

（2）与会人员离会的安排

对与会的外地人员，要做好离会安排，包括收回应收的文件材料，组织统一购买车、船、机票等。

（3）会议记录、材料的整理归档

会议记录是会议的原始材料，是会议内容的客观反映，必须完整、准确、工整。会议的文件材料、与会人员名单、会议议程、会议记录、会议纪要及音像资料要及时组卷归档。

（4）会议纪要的印发和新闻报道的发布

有些会议涉及几个部门、几个单位，需要分头贯彻执行的，应写出会议纪要，分发给有关单位、有关人员。会议纪要大致有三种：例行会议纪要、工作会议纪要和联合磋商纪要。会议新闻报道的发布一般有三种形式：一是由会议秘书工作人员或秘书处（组）负责起草，再送经领导审定后，由新闻媒体以会议公报的形式公布于众；二是开会时邀请记者旁听，由记者负责编发会议新闻；三是采用召开记者招待会或新闻发布会的形式，这种形式一定要慎重考虑报道的内容，既要实事求是，又要坚持保密原则。

新闻发布会，简称发布会，有时亦称记者招待会。它是一种主动传播各类有关的信息，谋求新闻界对某一社会组织或某一活动、时间进行客观公正报道的有效沟通方式。发布会礼仪至少应当包括会议的筹备、媒体的邀请、现场的应酬和善后事宜四个主要方面的内容。筹备新闻发布会，要做好主题的确定、时间的选择、人员的安排、材料的准备等具体工作。新闻发布会的主持人大都应当由主办单位的公关部部长、办公室主任或秘书长担任。主持人的基本条件是：仪表端正、年富力强、见多识广、反应灵活、语言流畅、幽默风趣、善于把握大局，长于引导提问，并且具有丰富的主持会议的经验。材料的准备：一是发言提纲；二是问答提纲；三是宣传提纲；四是辅助材料（例如图表、照片、实物、模型、沙盘、录音、录像、影片、幻灯和光碟等）。善后的事宜：第一，要了解新闻界的反应；第二，要整理保存会议资料；第三，要酌情采取补救措施。在听取了与会者的意见和建议后，对于失误、过错或误导，都要主动采取一些必要的对策。

二、参加展览会的礼仪常识

1. 展览会的定义和作用

所谓展览会，对商界而言，主要是特指有关方面为了介绍本单位的业绩，展示本单位的成果，推销本单位的产品、技术或专利，而以集中陈列实物、模型、文字、图表、影像资料供人参观了解的形式，所组织的宣传性聚会。有时，人们也将其称为展示会。

展览会，在商务交往中往往发挥着重大的作用。它不仅具有很强的说服力、感染力，可以现身说法打动观众，为主办单位广交朋友，而且还可以借助于个体传播、群体传播、大众传播等各种传播形式，使有关主办单位的信息广为传播，提高其知名度。正因为如此，几乎所有的商界单位都对展览会倍加重视，踊跃参加。

2. 展览会礼仪

展览会礼仪，通常是指商界单位在组织、参加展览会时所应当遵循的规范与惯例。参展单位在正式参加展览时，必须要求自己的全部派出人员齐心协力、同心同德，为大获全胜而努力奋斗。在整体形象、待人礼貌和解说技巧3个主要方面，参展单位礼仪人员尤其要予以特别的重视。

（1）要努力维护整体形象

在参与展览时，参展单位的整体形象直接映入观众的眼里，因而对自己参展的成败影响极大。参展单位的整体形象，主要由展示之物的形象与工作人员的形象两个部分所构成。对于二者要给予同等的重视，不可偏废其一。展示之物的形象，主要由展品的外观、展品的质量、展品的陈列、展位的布置、发放的资料等构成。用以进行展览的展品，外观上要力求完美无缺，质量上要优中选优，陈列上要既整齐美观又讲究主次，布置上要兼顾主题的突出与观众的注意力，而用来在展览会上向观众直接散发的有关资料，则要印刷精美、图文并茂、资讯丰富，并且注明参展单位的主要联络方法，如公关部门与销售部门的电话、电报、电传、传真以及电子邮箱等。

（2）要时时注意待人礼貌

①参观前礼仪。在展览会上，参展单位的工作人员都必须真正地意识到观众是自己的上帝，为其热情而竭诚地服务则是自己的天职。当观众走近自己的展位时，工作人员都要面带微笑，主动地向对方说："你好！欢迎光临！"随后，还应面向对方，稍许欠身，伸出右手，掌心向上，指尖直指展台，并告知对方"请您参观"。

②参观时礼仪。当观众在本单位的展位上进行参观时，工作人员可随行于其后，以备对方向自己进行咨询；也可以请其自便，不加干扰。假如观众较多，尤其是在接待组团而来的观众时，工作人员亦可在左前方引导对方进行参观。对于观众所提出的问题，工作人员要认真做出回答。不允许置之不理，或以不礼貌的言行对待对方。

③参观后礼仪。当观众离去时，工作人员应当真诚地向对方欠身施礼，并说"谢谢光临"，或是"再见！"在任何情况下，工作人员均不得对观众恶语相加，或讥讽嘲弄。对于极个别不守展览会规则而乱摸乱动、乱拿展品的观众，仍须以礼相劝，必要时可请保安人员协助。

（3）要善于运用解说技巧

①解说技巧的定义。解说技巧，此处主要是指参展单位的工作人员在向观众介绍或说

明展品时，应当掌握的基本方法和技能。在宣传型展览会与销售型展览会上，其解说技巧既有共性可循，又有各自的不同之处。

②善于运用解说技巧。在宣传型展览会与销售型展览会上，解说技巧的共性在于：要善于因人而异，使解说具有针对性。与此同时，要突出自己展品的特色。在实事求是的前提下，要注意对其扬长避短，强调“人无我有”之处。在必要时，还可邀请观众亲自动手操作，或由工作人员对其产品进行现场示范。此外，还可安排观众观看与展品相关的影视片，并向其提供说明材料与单位名片。通常，说明材料与单位名片应常备于展台之上，由观众自取。

③宣传型展览会解说技巧。在宣传型展览会上，解说的重点应当放在推广参展单位的形象上。要善于使解说围绕着参展单位与公众的双向沟通而进行，时时刻刻都应大力宣传本单位的成就和理念，以便使公众对参展单位给予认可。

④销售型展览会解说技巧。在销售型展览会上，解说的重点则必须放在主要展品的介绍与推销上。按照国外的常规说法，解说时一定要注意“FABE”并重，其中，“F”指展品特征，“A”指展品优点，“B”指客户利益，“E”则指可资证据。要求工作人员在销售型展览会上向观众进行解说之时，注意“FABE”并重，就是要求其解说应当以客户利益为重，要在提供有利证据的前提之下，着重强调自己所介绍、推销的展品的主要特征与主要优点，以使客户觉得言之有理。

有一家小厂参加了一个展销会，分到的展销室在六楼的一个偏僻角落，头几天一直门前冷落，他们在有营销专业背景的王经理带领下研究出了新的策略。第二天一早，参观者一进入展览大楼，就发现有一些小塑料圆牌子洒在地上，捡起来一看，上面写着：“请到六楼右角展销室去，您会有意外的收获。”好奇的参观者于是都纷纷跑到六楼右角的展销室。只见门前有一红纸黑字的海报，上面写着：“拾到小牌者，可打八折购买一件本厂产品。”拾到牌子的人都不肯错过八折的便宜机会，纷纷购买一件中意的产品。而没拾到牌子的人，由于从众心理的影响，也纷纷跑去凑热闹，这样使这家小厂的产品信息马上传播开来。

三、座谈会礼仪

1. 座谈会的定义

座谈会是为了联络老朋友、结交新朋友的一种具有对外联络和招待性质的社交性集会，会上备有茶点，参加者可以不拘形式地在会上自由发言。座谈会一般不排座次，可以自由活动，与会者不用签到。

2. 座谈会的举办

座谈会的具体内容主要涉及会议的主题、来宾邀请、时间地点的选择、茶点的准备、座次的安排、会议的议程、发言7个方面。

（1）座谈会的主题

座谈会的主题可以分为三类，即联谊、娱乐和座谈会的主题专题。以联谊为主题的座谈会，多为联络友谊；以娱乐为主题的座谈会，为了活跃气氛，而安排一些文娱节目，并以此作为座谈会的主要内容，以现场的自由参加与即兴表演为主；专题座谈会，是在某个特定的时刻，或为某些专门问题而召开的座谈会，以听取某些专业人士的见解，或是和某些与本单位有特定关系的人士进行对话。

（2）确定主要的与会者

来宾可以是本单位的顾问、社会知名人士、合作伙伴等各方面人士。

座谈会的来宾名单一经确定，应立即以请柬的形式向对方提出正式邀请。按惯例，座谈会的请柬应在半个月之前被送达或寄达被邀请者，被邀请者可以不必答复。

（3）时间、空间的具体选择

这是座谈会要取得成功的重要条件。辞旧迎新、周年庆典、重大决策前后、遭遇危难挫折的时候，都是召开座谈会的良机。

①时间。根据惯例，举行座谈会的最佳时间是下午四点钟左右。有些时候，也可以安排在上午 10 点钟左右。在具体进行操作时，应该以与会者特别是主要与会者的方便与否以及当地人的生活习惯为准。座谈会的时间限制在 1 ~ 2 小时，它的效果往往会更好一些。

②空间。适合举行座谈会的场地主要有：主办单位的会议厅，宾馆的多功能厅，主办单位负责人的私家客厅，主办单位负责人的私家庭院或露天花园，包场高档的营业性茶楼或茶室。

（4）茶点的准备

在座谈会上，为与会者所提供的茶点，应当被定位为配角。在做准备时要注意以下几点。

①茶叶。对于用来待客的茶叶应尽量挑选上品，还要注意照顾与会者的不同口味，如可准备绿茶、花茶和红茶，让客人各取所需。

②茶具。最好选用茶杯、茶碗、茶壶成套的陶瓷茶具。

③除主要供应茶水外，在座谈会上还可以为与会者略备一些点心、水果或是地方风味小吃。需要注意的是，在座谈会上向与会者所供应的点心、水果或地方风味小吃，品种要适合、数量要充足，并要方便取用，同时还要配上擦手巾。

> **小贴士**
>
> 座谈会不上主食，不安排品酒，只提供茶点。座谈会是重“说”不重“吃”的，没必要在吃的方面下过多工夫。

（5）座次的安排

从总体上来讲，在安排与会者的具体座次时，必须和座谈会的主题相适应。

安排座谈会与会者具体座次的时候，可以采取下面的办法。

①环绕式。不设立主席台，把坐椅、沙发、茶几摆

> **小贴士**
>
> 会场四周，可适当放置一些鲜花与盆景，营造愉悦的气氛。

放在会场的四周，不明确座次的具体尊卑，与会者在入场后自由就座。这一安排座次的方式，与座谈会的主题最相符，也最流行。

②散座式。常见于在室外举行的座谈会。它的坐椅、沙发、茶几四处自由地组合，甚至可由与会者根据个人要求而随意安置。这种安排容易创造出一种宽松、惬意的社交环境。

③圆桌式。指的是在会场上摆放圆桌，请与会者在周围自由就座。圆桌式排位又分为两种形式：一是适合人数较少的，仅在会场中央安放一张大型的椭圆形会议桌，而请全体与会者在周围就座；二是在会场上安放数张圆桌，请与会者自由组合。

④主席式。在座谈会上，这种排位是指在会场上，主持人、主人和主宾被有意识地安排在一起就座，并且按照常规就座。

（6）座谈会的基本议程

①主持人宣布座谈会开始。宣布开始前，主持人要请与会者各就各位。宣布开始后，主持人可对主要与会者略加介绍。

②主办单位的主要负责人讲话。该讲话应以阐明这次座谈会的主题为中心内容，还可以代表主办单位，对全体与会者表示欢迎和感谢，并且恳请大家一如既往地理解和支持。

③与会者发言。这些发言在任何情况下都是座谈会的重心。为了确保与会者在发言中直言不讳，畅所欲言，通常主办单位事先不对发言者进行指定和排序，也不限制发言的具体时间，而是提倡与会者自由地进行即兴式的发言。一个人还可以多次发言，来不断补充、完善自己的见解、主张。

④主持人总结。主持人略作总结后，可以宣布座谈会结束。

（7）座谈会的发言

与会者在座谈会上的发言以及表现等，必须得体。在要求发言时，可以举手示意，但也要注意谦让，不要争抢。不管自己有什么高见，都不要打断别人的发言。肯定成绩时，要力戒阿谀奉承。提出批评时，不能讽刺挖苦。切忌当场表示不满，甚至私下里进行人身攻击。

小贴士

座谈会结束时，主持者应总结归纳大家的发言，对大家发言提供的内容（信息）、态度（表现）作出肯定，并向大家表示感谢。

3. 座谈会礼仪

座谈会就是邀请有关人员就某一问题或某些问题召开会议，收集对某一个问题的反映。礼仪的要求如下。

①至少提前一天发送通知，便于与会人员提前准备。

②座位的安排，一般是与会者围圈而坐，主持人也不例外，以便营造一种平等的气氛。

③会议中，主持人要让大家畅所欲言。如果有冷场现象，主持人应该引导大家从比较容易的话题谈起，逐步深入。为避免冷场，主持人也可以采取点名的方法。

④发言时应多用商讨的语气，不要咄咄逼人，也不能用粗暴的语言。会谈结束时，主持人应归纳总结大家的发言，并对大家表示感谢。

【知识拓展】

案　例

某分公司要举办一次重要会议，请来了总公司的总经理和董事会的部分董事，并邀请当地政府要员和同行业知名人士出席。由于出席的重要人物多，刚参加工作的助理小李决定用“U”字形的桌子来布置会议桌。分公司领导坐在位于长“U”字横头处的下首。其他参加会议者坐在“U”字的两侧。在会议的当天开会时，贵宾们都进入了会场，按安排好的座位签找了自己的座位就座。当分公司领导宣布会议开始时，发现会议气氛有些不对劲，有的贵宾相互低语后借口有事站起来要走，分公司的领导人不知道发生什么事或出了什么差错，非常尴尬。

案例分析：

1. 这次会议因为重要人物很多，最适合采取圆桌式，而不是“U”形桌式。

2. 如果选择了“U”形桌式，那么应该邀请地位较高的人坐在横头处两侧。因为这两个位置有一种主导的地位。

【学以致用】

（1）会议准备工作主要有哪些方面？

（2）会场安排合理的标准有哪些？

（3）举办一场成功的展览会，要做好哪些基本工作？

（4）座谈会发放通知有哪些注意事项？

开篇寄语

社会生活礼仪，是人们在公共生活和相互交往中约定俗成、普遍遵循的基本行为规范，涉及个人和人际交往中仪表仪容、言谈举止、待人接物等方面的具体规范和惯用形式。作为公共生活的“通用语言”，社会生活礼仪重视小节，以小见大。从使用电话到网络交流，都能反映公民的文明素养，体现社会的文明程度。创造文明和谐的社会生活，需要我们“知礼”“明礼”“习礼”进而“达礼”，既展现自我的修养，又体现对别人的尊重。要求每个公民自觉学习社会生活礼仪知识，提高社会生活礼仪水准。学习、践行社会生活礼仪应体现这样的基本要求。

社会生活礼仪篇

——小中见大

第一课 通信礼仪

一个生活在社会之外的人，同人不发生关系的人，不是动物就是神。

——亚里士多德

应知导航

(1) 接电话有哪些需要注意的礼仪?

(2) 传真分别有哪些优点和缺点?

(3) 收发传真、电子邮件应注意哪些礼仪?

知识探究

众所周知，我们生活在信息的社会，目前，现代化通信工具多种多样，层出不穷。它们的出现，为大家获取信息、传递信息、利用信息提供了越来越多的选择。对多数人而言，信息就是资源，信息就是财富，信息就是生命，所以大家不约而同地对信息重视有加。

一、电话礼仪

人们在交往中特别重视自己给别人的“第一印象”，给人的第一印象好，大家交往起来心情愉快，事情也会办得更顺利。可是你是否注意到，你给别人的第一印象，往往在你们见面之前就已经存在了。因为出于礼貌，人们在见面前经常会通过电话约定见面的时间、地点等细节，所以你的第一印象已经通过你的声音传给对方了，可以说你的电话形象是你给对方的第一张“名片”。

日本一位研究传播的权威说：“不管是在公司还是在家庭里，凭这个人在电话里的说话方式，就可以基本判断出其‘教养’的水准。”

1. 打电话的礼仪

(1) 重要的第一声

当我们打电话给某单位，若一接通，就能听到对方亲切、优美的招呼声，心里一定会很愉快，使双方对话能顺利展开，对该单位有了较好的印象。在电话中只要稍微注意一下自己的行为就会给对方留下完全不同的印象。同样说："你好，这里是××公司"，其声音清晰、悦耳、吐字清脆，给对方留下好的印象，对方对其所在单位也会有好印象。因此要记住，接电话时，应有"我代表单位形象"的意识。

（2）要有良好的心情

打电话时我们要保持良好的心情，这样即使对方看不见你，但是从悦耳的语调中也会被你感染，给对方留下极佳的印象，由于面部表情会影响声音的变化，所以即使在电话中，也要抱着"对方看着我"的心态去应对。

（3）打电话的时间

打电话的时间应尽量避开上午7时前、晚上10时以后的时间，还应避开晚饭时间。有午休习惯的人，也请不要用电话打扰他。电话交谈所持续的时间也不宜过长，事情说清楚了就可以了，一般以3~5分钟为宜。因为在办公室打电话，要照顾到其他电话的进、出，不可过久占线，更不可将办公室的电话或公用电话当做聊天的工具。

在与国外人员通话时，要注意地区时差，否则会出洋相。

（4）认真清楚地记录

随时牢记5W1H，所谓5W1H是指①When（何时）；②Who（何人）；③Where（何地）；④What（何事）；⑤Why（为什么）；⑥How（如何进行）。在工作中这些信息都是十分重要的。对于打电话、接电话具有同样的重要性。电话记录既要简洁又要完备。

（5）挂电话前的礼貌

要结束电话交谈时，一般应当由打电话的一方提出，然后彼此客气地道别，说一声"再见"再挂电话，不可只管自己讲完就挂断电话。

2. 接电话的礼仪

如何接电话也是一门艺术，要想做一个合格的受话人，有许多礼仪要学，以下是接听电话的几个步骤。

（1）及时接电话

电话铃响了，要及时去接，不要怠慢，更不可接了电话就说"请稍等"，搁下电话半天不理人家。如果确实很忙，可表示歉意，说："对不起，请过10分钟再打过来，好吗?"

小贴士　接听电话的要点

· 电话铃响第二下时接听。
· 左手持听筒，右手准备好记事本。
· 注意身体姿势以保证声音清晰。
· 接电话时的第一句话：你好。
· 转接时，注意表述：请稍等。
· 先转接，再讲话，不在对方可听见的情况下喊人或问话。

（2）主动报家门

自报家门是一个与人方便、与己方便，且节约时间、提高效率的好方式。

（3）认真听对方说话

接电话时应当认真听对方说话，而且不时有所表示，如"是""对""好""请讲"

“不客气”“我听着呢”“我明白了”等，或用语气词“唔”“嗯”“嗨”等，让对方感到你是在认真听。漫不经心，答非所问，或者一边听一边同身边的人谈话，都是对对方的不尊重。

(4) 使用电话录音

如果使用录音电话，应事先把录音程序编好，把一些细节考虑周到。不要先放一长段音乐，也不要把程序搞得太复杂，让对方莫名其妙、不知所措。

小贴士

在通话时最忌讳发话人吞吞吐吐，含糊不清，东拉西扯。正确的做法是：问候完毕对方，即开宗明义，直言主题，少讲空话，不说废话。

(5) 打错电话

如果对方打错了电话，应当及时告之，口气要和善，不要讽刺挖苦，更不要表示出恼怒之意。

(6) 音量大小

接电话时的声音不要太大，声音太大会影响其他人工作，而且会使接电话的对方也感觉不舒服。

(7) 代接电话

替他人接电话时，要询问清楚对方姓名、电话、单位名称，以便在接转电话时为受话人提供便利。在不了解对方的动机、目的是什么时，请不要随便说出指定受话人的行踪和其他个人信息，比如手机号等。

一天，办公室的华经理收到秘书小张的一张留言条，上面是这样写的。华经理：刚才一位姓钱的先生来电，让你晚上8：30在和平桥那里等他。

问题：

究竟钱先生是谁？有什么事呢？这样的留言是不规范的。

3. 电话禁忌用语

在接电话时切忌使用“说！”“讲！”

说讲时用一种命令式的方式，既难让人接受，又不礼貌。有的人在接听电话时，一接起电话马上说：“说”或“讲”，或者多加一两个字“听到，说！”这种行为在公司、企业内部也许还可以理解，由于某种原因工作繁忙，时间紧张，没有太多的时间应对电话，希望对方直截了当，别浪费时间。但这种硬邦邦的电话接听方式显得过于粗鲁无礼，给人一种盛气凌人的感觉。

我们每个人都希望别人以礼相待，有谁愿意同不懂得礼貌的人打交道呢？所以，在接听电话时，一定要注意应有的礼貌。

4. 不同电话的应对方法

(1) 私人电话，长话短说

因为自己的私事而长时间使用公司的电话是一件不好的事情，因此不要使用公司的电话打给自己的朋友。在公司里，无论哪部电话都是因为工作需要而特地准备的，若私人电话时间过长，则会使得公司不能进行重要的工作联系，从而给公司带来重大的损失。因此，私人电话要长话短说。

(2) 中途断线要主动打过去

当通过电话与对方交谈时，电话在中途突然因为操作失误而中断。此时，应主动重新拨打，以使谈话继续下去。重新拨通之后，再向对方致歉："非常抱歉，刚才电话中途断线了。"

(3) 电话声音不清楚的应对办法

通话中，时常会因为对方的声音小而听不清楚，此时，可以和对方说："对不起，电话的状况不好，我听不太清楚""很抱歉，电话的声音听起来有点远""很抱歉，能不能请你再说一遍"。

(4) "请稍等片刻"，不宜超过1分钟

在商业上，"片刻"以1分钟为限。如果过了1分钟，就已经超过了"片刻"的范围，这一点要多加注意，如果通话过程中需要寻找资料，而找资料需要花费1分钟以上的时间，那就必须告诉对方"对不起，待会儿我再打给您"，再挂断电话，这才是正确的礼仪。

二、传真礼仪

1. 传真的定义及优点

目前，在社会交往中，经常需要将某些重要的文件、资料、图表即刻送达身在异地的交往对象手中。传统的邮寄书信的联络方式，已难于满足这一方面的要求。在此背景之下，传真便应运而生，并且迅速广泛地被人们所利用。

(1) 传真的定义

传真，又叫做传真电报。它是利用光电效应，通过安装在普通电话网络上的传真机，对外发送或是接收文件、书信、资料、图表、照片真迹的一种现代化的通信联络方式。现在，在国内的各个单位中，传真机早已普及成为不可或缺的办公设备之一。

(2) 传真的优点

传真通信的主要优点是操作简便，传送迅速，而且可以将包括一切复杂图案在内的真迹传送出去。它的缺点主要是发送的自动性能较差，需要专人在旁边进行操作。有些时候，它的清晰度难以确保。

2. 传真礼仪

公关礼仪人员在利用传真对外通信联络时，必须注意下述几方面的礼仪问题。

(1) 正确使用

使用传真设备通信，必须在具体的操作上力求标准而规范。不然，也会令其效果受到一定程度的影响。

小贴士

使用传真要注意保密。未经事先许可，不应传送保密性强的文件或材料，因为公共传真机保密性不高，任何刚好经过传真机旁边的人，都可以轻易窥得传真纸上的内容，所以传真件不能确保完全保密，因此若是任何较私密的事，最好不用传真机传达，除非你想让事件变成"公开的秘密"。

本人或本单位所用的传真机号码，应被正确无误地告之自己重要的交往对象。一般而言，在商用名片上，传真号码是必不可少的一项重要内容。

对于主要交往对象的传真号码，必须认真地记好，为保万无一失，在向对方发送传真前，最好先向对方通报一下。这样做既提醒了对方，又不至于发错传真。

发送传真时，必须按规定操作，并以提高清晰度为要旨。与此同时，也要注意使其内容简明扼要，以节省费用。

单位所使用的传真设备，应当安排专人负责。无人在场而又有必要时，应使之自动处于接收状态。为了不影响工作，单位的传真机尽量不要与办公电话采用同一条线路。

（2）依礼使用

公关礼仪人员在使用传真时，必须牢记维护个人和所在单位的形象问题，必须处处不失礼数。

在发送传真时，一般不可缺少必要的问候语与致谢语。发送文件、书信、资料时，更是要谨记这一条。

出差在外，必须使用公众传真设备，即付费使用电信部门所设立在营业所内的传真机时，除了要办好手续、防止泄密之外，对于工作人员也须以礼相待。

> **小贴士**
>
> 如果传真很重要，请在发传真前致电收件人，进行确认，在发完传真后，再电话确认是否已收到，清晰与否。

人们在使用传真设备时，最为看重的是它的时效性。因此在收到他人的传真后，应当在第一时间内即刻采用适当的方式告知对方。需要办理或转交、转送他人发来的传真时，千万不可拖延时间，耽误对方的要事。

传真封面示范如下所示：

> 北京旅专实习酒店传真封面
>
> DATE 日期：
> TO 收件人：FAX（传真号码）：
> FROM 发件人：FAX（传真号码）：
> TOTAL PAGES 页数（含此页）：
> BE 有关：
>
> 本次传递如有问题，请致电：010－82505151 通知我们，谢谢！
> IF YOU HAVE ANY PROBLEM PLEASE CALL US AT 010－82505151，THANK YOU！

三、电子邮件礼仪

1. 电子邮件的定义及礼仪

电子邮件，又称电子函件或电子信函。它是利用计算机所组成的互联网络，向交往对象所发出的一种电子信件。使用电子邮件进行对外联络，不仅安全保密，节省时间，不受篇幅的限制，清晰度极高，而且还可以大大地降低通信费用。

人们在使用电子邮件对外进行联络时，应当遵守的礼仪规范主要包括以下四个方面。

（1）电子邮件应当认真撰写

向他人发送的电子邮件，一定要精心构思，认真撰写。在撰写电子邮件时，必须注意以下几点。

①主题要明确。每个电子邮件，都有一个主题，若是将其归纳得当，收件人看到主题便对整个电子邮件一目了然。

②语言要流畅。电子邮件要便于阅读，语言要流畅。尽量不要写生僻字、异体字。引用数据、资料时，则最好标明出处，以便收件人核对。

③内容要简洁。电子邮件的内容应当简明扼要，不浪费阅读人的时间。

小贴士

电子邮件是计算机病毒重要的传染源和感染病毒的主要渠道。收发电子邮件都要注意远离计算机病毒。发送电子邮件时要注意尽可能不使邮件携带计算机病毒。因此如果没有反病毒软件适时监控，发送邮件前务必要用杀毒程序杀毒，以免不小心把有病毒信件寄给对方。要是没有把握不妨用贴文的方式代替附加文档。

（2）电子邮件应当避免滥用

时间是无比珍贵的，所以人们才会说，要尊重一个人，首先就要懂得替他人节省时间。有鉴于此，若无必要，不要向他人发送无关的电子邮件。尤其是不要以电子邮件的方式与他人谈天说地，更不宜随意以这种方式在网上“征友”。

一般而言，收到他人的重要电子邮件后，即刻回复对方还是必不可少的。

小贴士

注意定期、及时地清理邮件收件箱、发件箱、回收箱，空出有限的邮箱容量空间。及时将一些有用的电子邮件地址记下来并存入通信簿也是很必要的。

（3）电子邮件应当慎选功能

现在市场上所提供的先进的电子邮件软件，可有多种字体备用，甚至还有各种信纸可供使用者选择。这固然可以强化电子邮件的个人特色，但是此类功能商界人士是必须慎用的。主要原因有两方面：一是对电子邮件修饰过多，会使其容量增大，收发时间增长，还会给人以华而不实的感觉；二是电子邮件的收件人所拥有的软件不一定能够支持上述功能。这样一来，他所收到的电子邮件就很有可能会大大地背离了发件人的初衷，使之前功尽弃。

【知识拓展】

案　例

前不久，一位著名的小提琴家到某沿海城市举办专场音乐会。正当台上的小提琴家倾力演奏，台下的听众如醉如痴之际，一阵极不合时、极不协调的手机铃声忽然在音乐厅内响起。小提琴家立刻终止演奏，整个乐队也停了下来，一段悠扬的协奏曲戛然而止。他将小提琴放了下来，拎在手里，静静地注视着听众席，没有音乐声的音乐厅里，空气如凝固一般。片刻，小提琴家接着刚才中断的乐曲，继续演奏，自始至终，也没有用语言来表达自己的不满。然而，在这无声的抗议之后，音乐厅里再没有响起不该有的声音。

案例分析：

(1) 在公众场合，将手机关闭或调成振动是基本礼仪，而在音乐会这种高雅的公共场合中，刺耳的手机铃声不仅会影响到周围观众的热情，而且还有可能对艺术家的表现造成不良影响。

（2）在公众场合，应该自觉维护个人形象。而此案例中，不协调的电话铃声不仅影响到周围观众的欣赏，而且直接对电话主人的个人形象造成非常不良的影响。

【学以致用】

（1）结合日常生活实际，说明人们在使用电话过程中经常出现的失礼行为以及纠正途径。

（2）为什么说你的电话形象是你给对方的第一张“名片”？

（3）发送电子邮件有哪些规则？

（4）电子邮件的功能选得越多越好吗？

第二课 校园礼仪

善学者，师逸而功倍，又从而庸之。不善学者，师勤而功半，又从而怨之。善问者，如攻坚木，先其易者，后其节目，及其久也，相说以解。不善问者反此。善答问者，如撞钟，叩之以小者则小鸣，叩之以大者则大鸣，待其从容，然后尽其声。不善答问者反此。此皆进学之道也。

——《礼记》

【应知导航】

（1）如何在课堂上正确处理师生之间的关系？

（2）规范的宿舍礼仪包括哪些内容？

（3）如何做到文明就餐？

【知识探究】

在校园里，学生每天都与教师、同学和管理人员发生着直接的联系和交往。这些联系和交往构成了学生的基本交往网络，直接决定和影响着学生同教师、同学和管理人员之间的关系，也直接影响着学生的成长和进步。因此，学生在校学习和生活期间应正确处理好师生之间、同学之间以及同学与管理人员之间的关系，努力建立起良好的人际关系和学习、生活环境。

一、尊师礼仪

教师是塑造人类灵魂的工程师，肩负着传道、授业、解惑和培养学生实践能力、创新精神的神圣职责。尊敬教师应是每一个学生的起码礼节。

1. 尊重教师的劳动

尊重教师的劳动主要表现在上课认真听讲。目前，课堂教学仍是学生在校学习的主要环节。教师讲授的内容尽管部分甚至大部分仍来自于教材，但已是教师在备课过程中经过思考进行过筛选、精化、细化和排列组合的内容，浸透了教师的心血，融合了教师的经验和体会。因此，学生在上课时要聚精会神地听讲。切不可因为教师讲的课程不是专业课，教师讲的部分内容书上有，或者自己对教师讲的内容不感“兴趣”，就交头接耳做小动作，或开小差甚至睡大觉，这不仅对自己的学习毫无益处，而且是对教师的不尊重。

宋代学者杨时和游酢拜程颐为师，有一次他们去请教老师，正逢老师午睡，为了不惊醒老师，两人站在门外雪地等候。当老师醒来时，雪已有一尺深，杨、游二人遍身是雪，仍然恭敬地站立在门外。

2. 有礼貌地对待教师

上下课时要按口令迅速起立，向教师致礼。因事迟到或早退，要向教师说明原因，取得教师的理解或认可。与教师相遇，要主动地打招呼问好、让路，即使有时教师因听课学生太多，一时叫不出自己的名字，也应给予理解，必要时应主动做一下自我介绍。碰到教师从事重体力工作时要主动帮助，在提水、买饭等人员拥挤的公共场所，遇到教师要主动礼让。对于年迈、生病或整日忙于教学科研无暇顾及家庭的教师，要力所能及地给予帮助。有事到教师家拜访，要提前预约，要让教师有所准备和安排。拜访时间不宜过长，晚上不宜太晚，以免占用教师过多时间或影响家人休息。

汉明帝刘庄做太子时，博士桓荣是他的老师，后来刘庄继位作了皇帝“犹尊桓荣以师礼”。他曾亲自到太常府去，让桓荣坐东面，设置几杖，像当年讲学一样，聆听老师的指教。他还将朝中百官和桓荣教过的学生数百人召到太常府，向桓荣行弟子礼。桓荣生病，明帝就派人专程慰问，甚至亲自登门看望，每次探望老师，明帝都是一进街口便下车步行前往，以表尊敬。进门后，往往拉着老师枯瘦的手，默默垂泪，良久乃去。当朝皇帝对桓荣如此，所以“诸侯、将军、大夫问疾者，不敢复乘车到门，皆拜床下”。桓荣去世时，明帝还换了衣服，亲自临丧送葬，并将其子女作了妥善安排。

3. 尊师礼仪的禁忌

（1）遇到老师视而不见，没有主动打招呼的习惯。

（2）面对不是教自己的老师，不用学校礼仪规范自己。

（3）背后讨论老师，对老师的形貌、衣着等品头论足，甚至给老师起外号。

（4）明知自己错了，可嘴上不服气，不敢勇于承认错误。

（5）对老师说话过于随便，不用尊称。

二、同学交往礼仪

同学间的交往是学生交往的重要方面。同是年轻人，同在一个食堂吃饭，同在一个教室上课，阅历、知识水平基本处于同一个发展阶段，这些相同性或相似性为同学间展开交往、建立良好的人际关系提供了基础。在对美好理想的追求中，在攀登科学高峰的征途上，建立良好的同学关系，交几个知心朋友，会使你如虎添翼，左右逢源。处理好同学间的关系，要注意以下礼仪。

美国著名的钢铁大王卡内基，曾经一贫如洗，但他靠个人的奋斗和努力，不仅成为了亿万富翁，而且造就了成百上千个百万富翁。其实这位钢铁大王对钢铁全然不懂，但是他雇佣了千百个钢铁专家为他工作。当人们问其他成功的秘诀时，他是这样说的："在我的成功因素中，个人条件占15%，机遇占20%，而交往能力占65%。"

1. 坦诚相待，谦虚谨慎

同学相处要做到诚实可信。说话办事要忠于客观事实，说老实话，办老实事，做老实人，在错误面前不饰非，表里如一，襟怀坦荡。同学、朋友交往中要言而有信，忠实于诺言，敢于承担应负的责任，言必信，行必果。应时刻记住，诚实是做人的本分。

另外，谦虚待人在同学交往中也是非常重要的。有些同学人际关系紧张，往往是由于自己有了点成绩、有些能力就骄傲自大，目空一切，常常在同学面前吹嘘、炫耀自己，说话办事不尊重别人的意见。须知，青年人的自尊心、好胜心都很强，他人绝不会因为你的自我标榜就增加对你的敬意。要记住"谦受益，满招损"的道理，虚心向他人学习，善于和朋友合作，虚怀若谷，见贤思齐，只有这样才能不断提高自身素质。

2. 友善热情，礼貌待人

学生在各个方面都还处在发展阶段，各有各的长处，也各有各的弱点。作为同学，一方面，应"一日三省吾身"，时常反思自己的言行，尽可能地少犯错误；另一方面，对同学的过失和缺点，应善意地给予提示，即使一时难以改掉的毛病，也要采取宽容的态度，不应过分要求和挑剔。对于同学的不同习惯或爱好，应给予充分的尊重。对别人的隐私要充分尊重；主动地去探寻别人的秘密，是缺乏教养的表现。

热情是搞好同学关系的凝聚剂。在平时的生活学习中，应主动热情地去关心、照顾别人，而当得到别人帮助时，也要及时表示感谢。对别人的热情无动于衷是很失礼的。同学交往，说话要和气，使用文明语言，做到彬彬有礼。只有尊重别人，才能得到别人的尊重。

3. 化解矛盾，增进团结

同学之间产生矛盾是常有的事，有时是因为不小心而造成的，如下课时无意踩了别人的脚，有可能会导致双方争吵；有时则是由于误会造成的，如张三丢了东西，怀疑是李四拿走的，虽未明说，但隔阂已产生了；还有一些则是有意识地造成的，如昨晚一个同学回来得晚，影响了你休息，于是今天中午你就故意打开收音机影响他午休，如此恶性循环，导致两人关系紧张。从主观上看，你有理由争吵、有理由怀疑、有理由报复，但从礼仪要求上讲，这都是不对的。这样做非但不能化解矛盾，反而会把矛盾激化，造成越来越深的隔阂。正确的做法是，当产生矛盾时，主动找对方沟通思想，求得理解和谅解，把大事化小，小事化了，促进同学之间的团结。

苏秦和张仪均师从鬼谷子，学纵横之术。苏秦凭其三寸不烂之舌，合纵六国，配六国相印，统领六国共同抗秦，显赫一时。而张仪开始比较落魄，苏秦让人把老同学召来，又故意多次侮辱他。张仪被激怒了，想到天下诸侯能压倒赵国的只有秦国，遂入秦。苏秦又暗地里遣其下人送金币资助张仪，使张仪得见秦王。秦王悦之，以为客卿。从此张仪凭其谋略与游说技巧，将六国合纵土崩瓦解，为秦国立下不朽功劳。没有苏秦这位同窗好友的相助，张仪未必能得到秦国权柄。所以张仪叹息道："嗟乎！此在吾术而不悟，吾不及苏君明矣，请代我多谢苏君，只要苏君在，我绝不提伐赵二字，以此来报答季子相助之事。"

4. 同学交往礼仪的禁忌

（1）以貌取人，讥笑成绩落后和嘲笑身体有缺陷的同学。

（2）男女同学交往没有限度，举止、谈笑轻浮，嬉笑打闹，动手动脚。

（3）为所谓的朋友义气，不讲原则，感情用事，冲动不计后果行事。

（4）对同学的相貌、体态、衣着品头论足，喜欢背后议论人。

（5）个性太强，得理不让人，自我清高，待人冷淡。

（6）嫉妒、猜疑、报复心强，性格孤僻，适应能力和协调能力差。

三、学习生活礼仪

1. 图书阅览场所礼仪

图书馆、阅览室是师生获得科学知识的又一重要场所，是师生博览群书、获取科技信息的圣地，是一个高度文明的场所。因此，学生出入图书馆、阅览室，要处处表现出学者风度。

①到图书馆借阅书刊要自觉遵守借阅规定，主动出示证件，使用文明用语。

②适逢借阅高潮人员拥挤时，要自觉遵守公共秩序。

③要爱护借阅的各类书刊，对于珍贵书籍要倍加珍惜，如有损坏，主动按规定赔偿。

司马光藏文史书籍万余卷，常常整日整夜地翻阅浏览，数十年从不中断，但书籍却完好如新，好像从未被翻动过一样。他曾多次教导儿子：做生意的人聚集钱财，有学问的人则收藏图书，应当懂得爱惜图书。他要求儿子在天气晴朗之日读书时，必须于避开日光照射的地方看书，看书前必须先将书案清理干净，然后才能翻阅，如果旅行途中需要看书，必须以方板托衬，不能用手持书阅览，更不可用汗渍的手去触及图书，以免污损图书；看完一页，要用右手拇指与食指沿书边轻轻挟过，绝不可以手指撮起，以免揉皱纸张。

④在阅览室要文明阅览、要爱护书刊及其他各种公物。在公共书刊上乱写乱画，甚至撕页剪窗口都是不文明、不道德的行为。出入图书馆、阅览室脚步要轻，不可大声喧哗，更不能在阅览室内热烈讨论或大声争论问题。

⑤要尊重图书管理人员。

图书馆礼仪的禁忌包括以下5个方面。

①衣着不整、不雅，手脸不洁，邋遢不净步入图书馆。

②边吃东西边看书，随意丢弃废物。

③在图书馆旁若无人，高声说话，甚至嬉戏打闹。

④男女同学举止过分亲昵。

⑤玩手机，打电话，手机铃声大作，通话时间过长，声调过高。

2. 食堂礼仪

食堂是师生集体就餐的场所，也是校园文明建设的重点场所之一。作为学生，要注意讲究食堂礼仪。

①要自觉排队。排队买饭是维持正常秩序的需要，也是公共道德的要求。对于那些有特殊原因需优先买饭菜的同学要谦让，并要正确对待队伍中可能出现的摩擦，切不可动不动就使拳头，因为这并非“英雄”，也不“侠气”。

②要文明进餐。进餐时要保持安静，切勿大声喧哗。坐在凳子上文明进餐，切不可把脚踏在凳子上，或左右观望。

③进餐完毕后，要及时离开，给其他同学腾出位置。不要乱扔饭菜，勤俭节约是一种传统美德，也是对父母劳动成果和工作人员劳动的尊重。如果进餐完毕后确实有剩余饭菜要倒掉，也要按食堂规定倒在指定的地点，不可在饭桌、地上乱倒，以确保食堂的清洁卫生。

小贴士

和师长、同学以及熟悉的人在一起吃饭，先吃完的时候最好说声“大家慢慢吃”。

④尊重食堂人员劳动。要尊重炊事人员和管理人员的劳动，如有什么问题，切不可争吵或辱骂对方，应该通过管理部门或其他途径解决。当自己所报菜名或者点交钱票出现差错时，要主动道歉，不要与服务人员发生争执，如果是服务人员出现差错，应当主动提醒，不要出言不逊。如果饭菜有问题，应该和颜悦色地与服务人员交流，不要争执，以免产生误会。

3. 宿舍礼仪

宿舍是学生在校期间居住的场所，也是学生离开家庭住进学校后的“家”。学生在宿舍应该注重礼仪。

①按时回宿舍，自觉接受门卫人员的检查。各校都规定了宿舍区的出入时间，晚上学生

必须在规定时间以前回宿舍，如有特殊原因未能及时回宿舍的，要如实向门卫人员讲明原因。

②按时作息。宿舍各成员应在熄灯后就寝，切忌在走廊里、宿舍里大声喧哗；尽量避免使桌、椅发出巨响，以免影响他人休息。早晨要按时起床，坚持早操，养成良好的作息习惯。

③严格遵守宿舍卫生管理条例，保持整洁卫生的生活环境，不但有利于宿舍成员的身心健康，而且也给同学们创造了良好的生活条件。要养成良好的个人卫生习惯，按时洗脸、洗脚，经常洗澡，勤洗衣服勤刷鞋，认真整理内务，保持个人卫生和生活用品的整洁。

④做好值日生工作。轮到值日的同学，必须自觉维持宿舍内卫生。认真做好整个宿舍的整理、清扫等工作。其他同学也应积极地给予配合。

⑤切忌随意向窗外乱抛杂物或泼水。要知道一盆泼出去的水难以收回，一场“干戈”也可能因此产生。随意向窗外乱扔杂物也是不尊重他人劳动、破坏公共优美环境的极不文明的行为。

⑥节约水电。在洗漱间洗漱完毕，要随手关好水龙头。在光线充足或离开宿舍时，要随手关灯。切不可因用的水电是学校的，而对“长明灯”“长流水”听之任之，造成不必要的浪费。

⑦文明走访。宿舍间平时注意不要随意乱串，以免打搅他人生活和休息。有事情或受到邀请可以串门。进入寝室应主动和其他同学打招呼问好。如在宿舍接待亲友或外人来访时，要在客人进入寝室前与各位室友打好招呼，客人进入寝室后应主动介绍来访者，作为室友应主动热情，礼貌周到。招呼客人不要高声谈笑，时间也不要过长。当同学有亲友来访，谈一些私事时，其他同学要适当回避。绝不要在一旁暗听，更不要插嘴询问。如客人是异性，应顾及室友的衣着、起居而见机行事。到异性宿舍拜访时，要严格遵守学校的有关规定。

在集体生活中必须养成“自觉”和“宽容”这两种美德。由于学校生源比较广泛，地域差异、经济文化等发展的差异，势必会引起同学们生活习惯、行为处世上的不同。此时，就需要“求大同存小异”，要互相适应。

【知识拓展】

案　例

东汉时期，有个叫陈蕃的人，他年轻时很想干一番大事业，立志要“扫除天下”。可是他却从来不肯动手把自己的卧室打扫干净。当时就有人批评他说：“一屋不扫，何以扫天下！”

案例分析：

（1）陈蕃不愿做扫地这样具体的事，说明他的大志是不实在的，从今天精神文明的角度来说，就是空的。

（2）同样，一间学生寝室里如果床上乱糟糟，地上脏兮兮，东西乱摆放，气味很难闻，学生嘴上口号叫得再漂亮也没什么用。人们从寝室这个窗口，可以一眼看出：住在这个寝室的学生，是既缺乏劳动卫生习惯，又不讲究精神文明。

【学以致用】

（1）请写几条校园文明礼仪宣传语。

（2）考完试后，王明一对答案，发现自己很难及格，于是深夜十点钟赶紧带了礼物去老师家拜访。支支吾吾了一个小时，王明说明来意后被老师狠狠批评了一顿，并让他带回了礼物。开学后，王明发现自己这门课果然没有及格，于是到处造谣说老师贪污腐败。学校查明事实后，将王明给予了记大过的处分。

试分析王明到底有哪些行为不当的地方。

（3）为什么说集体生活中"自觉"和"宽容"这两种美德尤为重要？

第三课 家庭礼仪

> 凡为天下，治国家，必务本而后末，务本莫贵於孝。夫孝，三皇五帝之本务，而万事之纪也。夫执一术而百善至，百邪去，天下从者，其惟孝也。
>
> ——《吕氏春秋·孝行览》

【应知导航】

（1）子女应当如何孝敬长辈？

（2）拜访亲友的礼仪有哪些？

（3）邻里交往的时候有哪些需要遵守的礼仪？

【知识探究】

家庭是人类社会生活的基本单位，是社会肌体的细胞。家庭由家庭成员构成，每个人都想有一个美满、幸福的家庭，每位家庭成员都希望家庭关系和谐、亲密。如何让家庭充满欢声笑语和温馨的气氛呢？家庭生活礼仪，在这方面可以发挥重要的纽带作用和有效的调节作用。家庭生活礼仪是家庭成员在家庭生活中处理相互关系的行为规范与准则。父母善待子女，晚辈孝敬长辈，可使家庭关系更加亲密。

一、家庭礼仪的特点

家庭礼仪的基本特点主要表现在以血缘关系为基础，以感情联络为目的，以相互关系为原则，以社会效益为标准四个方面。

1. 以血缘关系为基础

家庭礼仪主要体现在家庭成员之间，而家庭成员之间的关系是人类社会中最为普遍的关系，以血缘关系、感情关系为核心。因此，在家庭礼仪的形成、建立和运用过程中，必须从血缘关系这一基本点出发。

2. 以感情联络为目的

家庭礼仪的主要职能并非以个人形象的塑造为侧重点，而是通过种种习惯形成的礼节、仪式来进一步沟通感情，俗话说的“亲戚亲戚，不走不亲”，就是强调亲友间的感情有了血缘关系的基础，还需要通过一定的礼仪手段来维持、强化和巩固。婚嫁喜庆、乔迁新居、寿诞生日等种种快乐，通过礼仪的传播，可以使更多的人体会和享受，这一传播过程的最终目的就是加强感情联系。

3. 以相互关心为原则

之所以说“母爱是最伟大，最神圣的爱”，是因为母爱的主要内涵是无私的奉献、无微不至的关怀。要衡量一件事或某一种行为是否符合家庭礼仪要求，只要分析一下双方之间是否存在相互关心的成分，真诚的祝福、耐心的劝导、热情的帮助本身就是合乎礼仪的。

4. 以社会效益为标准

不同的时代环境，不同的区域，风俗、礼仪存在着很大的差异性，家庭礼仪也一样，因为它受多种因素的影响，家庭活动中的许多礼节也是不断变化着的。要评价一种家庭礼节是否进步，是否合乎礼仪规范，主要看它是否能产生很好的社会效益。

小贴士

慈母手中线，游子身上衣。
临行密密缝，意恐迟迟归。
谁言寸草心，报得三春晖。
——《孟郊·游子吟》

二、子女与父母相处的礼仪

年轻人都希望自己有一个良好的成长环境，很羡慕和谐的家庭气氛。作为年轻人自身在家庭中的言行，对于营造温馨的家庭气氛有着极为重要的作用，因此，年轻人尚未充分地意识到这一点。那么，我们究竟应该怎么做呢？

东汉时，有一个人名叫黄香。很小的时候，就知道亲近、孝顺父母。在他九岁时，母亲便去世了，靠父亲一人来养育他。他深知父亲的辛苦，对父亲倍加孝顺，一切家务活都由他一个人承担，别的小孩子在玩耍时，他在家里劈柴做饭，好让父亲有更多的时间休息。夏天的时候，天气炎热，黄香的父亲干完活，坐在院子里乘凉。黄香就用扇子把床扇凉，然后伺候父亲上床就寝；冬天，天寒地冻，他先用自己的身体把被窝暖热，才让父亲躺下睡觉。日久天长，黄香对父亲的孝道深得乡邻的称赞。在黄香12岁时，江夏的太守称他为“至孝”；汉和帝也曾嘉奖过他。

1. 尊重父母

大家都清楚这样一个事实：孩子的每一步成长，都凝结了父母的心血和汗水。可在日常生活中，一些年轻人又常常不能忍受父母的唠叨和事事过问，不少人为此烦恼，有的人甚至采取对抗的态度顶撞父母。这样一来，家里就免不了发生口角。如果我们以另外一种方式对待，比如先听父母说，不急于表明自己的想法或者以征求他们意见的方式，阐述自己的想法，询问一下“我可不可以这样做?”因为无论与父母有多大的分歧，有一个前提是不该违背的，那就是尊重父母。

2. 注重沟通

有些年轻人在外面比较活跃，回到家中却变得沉闷起来，不愿意主动与父母沟通，甚至对父母的提问也表示反感，至多是父母问一句才答一句，这种态度本身就会给家庭造成很不愉快的气氛。每天与家人在一起用一点时间进行交流，可以使父母长辈了解你的状况，而且还向他们传达一个很重要的信息：你依然爱他们，愿意向他们倾诉。

3. 孝敬长辈

在家中孝敬长辈，可以从许多小事做起。例如，晨起之后向长辈问个安；外出或回到家后和父母打声招呼；平时吃东西前，先礼让父母；父母身体不适时，更要多关心问候，尽可能地多陪伴他们；平日多承担些家务，主动为父母分忧，也是最好的尽孝方式。这些看似区区小事，对长辈却是很大的精神安慰。

晋代人原谷，年仅15岁，屡次劝说父母不要抛弃年老体弱、生活不能自理的祖父，并以实际行动规劝。他的孝心终于感动了父母，将已被扔到藐野的祖父接回，侍奉终身。

三、拜访亲友的礼仪

每逢节假日拜访亲朋好友时应注意以下几点。

1. 选择适当的时间

一般应避开对方吃饭和休息的时间，最好事前同对方约定时间。如果是晚上拜访亲友，逗留的时间不宜过长，以免影响主人家的休息。

2. 进门礼仪

如果拜访的是长辈，或第一次到对方家做客，应彬彬有礼，主人未坐下，自己也不要先坐。如拜访的人很熟，则可以随便一些。进屋后，对方家里有老人，要主动与老人打招呼，如遇到有许多人在座，对熟悉的人应打招呼，对不熟悉的人，经主人介绍后，也要一一问候。

3. 坐姿礼仪

做客中，坐要有坐姿。我国古代就有“端坐”“危坐”“斜坐”“跪坐”和“盘坐”之分。当然现代人不必刻意模仿古人，但坐正还是很必要的。入座时，动作要轻而稳，不要一下猛地坐下，发出响声。

4. 交谈礼仪

与人交谈时，两眼要平视与你交谈的人。当主人以茶、糖果等招待时，应表示感谢。交谈的过程中，如有长辈在座，应该用心听长者谈话，最好不要随便插话，更不要自以为是。如果自己确有真知灼见，作为晚辈也应坦诚地阐明自己的见解，虚心地请求对方指教。

5. 告辞礼仪

节假日到亲朋好友家中拜访，如果只是礼节性的拜访，应尽量缩短时间。告辞前不要做出急于要走的样子。告辞也不要在别人说完一段话后立即提出，这会使人觉得你对别人的话不耐烦。当主人送到门外时，若客人还在说个不停，也是不礼貌的。

四、邻里交往礼仪

讲究邻居礼仪，妥善处理好邻里关系，能给生活增添不少乐趣，使小家庭、大家庭生活气氛更祥和，更温馨。

1. 彼此尊重

一栋楼或一个院子里，住着各种各样的人。但不论从事什么工作、职位高低，每个人在人格上和法律面前都是平等的。因此，大家应彼此尊重，见面时互相问候，有困难互相帮助。

邻里之间同居一处，容易了解各家的生活习性，但千万不要打听人家的隐私，更不要东家长、西家短地议论别人，或捕风捉影，搬弄是非，以免邻里之间产生矛盾或纠纷。

2. 互相关照

作为邻居，生活在一个共同的空间之中，大家应讲究社会公德，注意维护环境卫生，合理使用院内和楼道公共空间。公用电灯坏了，应及时更换新灯泡；楼梯脏了，应及时打扫干净。

做一些事情或进行娱乐活动时，要为邻居着想。例如，不要在隔壁邻居午休时，往墙上敲敲打打；晚上听歌曲或唱卡拉时，不要把音响的声音开得太大，以免影响邻居的生活和休息。

明朝有一个叫董笃行的人在京城做官。一次，他接到家中母亲的来信，信中声称家中因盖房占用宅基与邻居发生了争执，希望他能出面干涉。而他在复信中只附了一首打油诗：“千里捎书只为墙，不禁使我笑断肠。你仁我义皆为邻，让出两墙又何妨。”母亲接到信后，很受启发，将院墙往里让了四尺，邻居知道后，自觉惭愧，也将院墙往里挪了四尺，这样双方让出的土地成了八尺宽的胡同，被世人称为“仁义胡同”。

【知识拓展】

案　例

赵雯读中职三年级了。渐渐地，赵雯的父母发现，孩子越来越不愿意与父母沟通了。

一两个月才回家住上两天，这两天里大多时间也是在上网聊天，不大理睬父母。父母想与她谈谈以后的打算和就业的问题，赵雯也爱理不理，把时间大多花在追求外在形象上，花在学习上的精力越来越少，每天忙着去做健身、美容，生活费是以前的两倍多，还总怪父母“太抠”，不支持她将来的就业。到了中职三年级下半学期找工作的时候，赵雯不听从父母的忠告。经过两个多月的奔波，她的同学基本上都落实好了工作，只有她还在“等消息”。

案例分析：

1. 注重仪表和形象的修饰是热爱生活、尊重他人的表现。人际关系中一个注意仪表和形象的修饰的人往往能使自己的形象变得更加完美、更具魅力，也能赢得更多的朋友。但是赵雯对仪表则过于在意，对她的学习生活造成了不良影响，这显然已经背离了仪表礼仪。

2. 勤俭节约是我国的传统美德，赵雯在自己还未有独立的经济能力的时候，就开始追求高消费高享受，不顾及父母挣钱的辛苦也是不符合我国传统礼仪的。

3. 我国是一个非常讲究孝道的国家，对自己的父母要充分尊重，在即将走上社会时，更要与父母多沟通，听听父母的经验之谈，会对自己未来的择业与就业大有裨益。而赵雯却动不动就对父母发脾气，并责备父母，这违背了我国基本的家庭礼仪。

4. 一个不尊重父母的人很难尊重其他人，因此也很难得到别人的尊重。赵雯求职的失利是其对时尚的过分追求、对学习的荒废以及对父母的不尊重等多方面的原因造成的。现在就业压力很大，作为即将走上社会的学生，必须有自己的特长。虽然用人单位在意员工的外在形象，但那也是在“同等条件下优先考虑”而已。一个和父母都处不好关系、不求上进、只在意物质享受的人，很难想象，她能给主考官留下什么好印象；同样地，也会使人怀疑她能否真正为讲求团队、务实、上进的现代型企业带来什么效益。

【学以致用】

（1）与长辈发生矛盾的时候，子女应该怎么做？

（2）晚上拜访亲友的时候有哪些需要注意的地方？

（3）请讲几个中国古代的“孝义”的故事。

（4）请谈一下你对现今社会邻居“对面不相识”现象的看法。

开篇寄语

当我们来到一个不熟悉的国家时，如果不能了解该国或该民族的最基本的礼仪、风俗、禁忌，往往会闹出笑话，给正常工作带来不必要的麻烦，甚至造成无法挽回的损失。

风俗礼仪是一种悠久的文化传承，它不是通过生理遗传，而是通过文化上的传统接力过程一代一代地传继下来的。生活在每一个社会共同体中的人类个体，从他落地伊始，就碰到该共同体在一定的自然环境、经济状况和文化背景下形成的既定的风俗礼仪，这种风俗礼仪便开始影响他的思想和行为；到他咿呀学语时，他已是其所属文化的造物；到他长大成人时，社会共同体的习惯已内化为他的习惯，社会共同体的信仰已是他的信仰，社会共同体的礼仪也已是他的礼仪。

涉外礼仪篇

——入境问俗，入乡问禁

第一课 国际礼仪通则

百里不同风，千里不同俗。

——《汉书·王吉传》

【应知导航】

(1) 为什么要学习涉外礼仪?

(2) 东西方文化差异对礼仪有哪些影响?

(3) 涉外交往的基本原则有哪些?

【知识探究】

随着改革开放的不断深入，中国人同外国人直接打交道的机会越来越多。在涉外交往中，不论是旅游接待，还是友好往来，都有一个既要尊重对方，又要维护好我方的国格人格的问题。处理好这个问题的关键之一，就是要在涉外交往中学习、应用国际礼仪，遵守国际交往惯例。国际礼仪通则就是指国际礼仪的基本原则，它既是对国际礼仪的高度概括，也是在国际交往活动中应遵循的基本准则。了解和掌握国际礼仪通则并在国际交往中遵守和应用，可以更好地帮助我们与外国人进行沟通和交流，并起到事半功倍、举一反三的作用。

一、遵守最基本的共同生活准则

共同生活准则是在公共生活和人的交往中公认的、最简单的公共生活准则。遵守最基本的共同生活准则是礼仪的起码要求，如在公共场所遵守公共秩序，不打扰别人，不给别人造成麻烦或带来不方便，尊重别人，讲究社会公德等。

1. 维护形象

根据惯例，在国际交往之中，人们普遍对交往对象的个人形象很关注，并且都十分重视遵照规范和得体的方式塑造和维护自己的个人形象。在国际交往中，每一个人的个人形象，都从一个侧面真实地体现着他的个人教养和品位，也客观地反映了他个人的精神风貌与生活态度，还如实地展现了他对待交往对象所重视的程度，这些都是其所在单位的整体形象的有机组成部分。每一个人的个人形象，在国际交往中还往往代表着自己的国家和民族的形象。因此，在涉外交往中，每一个人都必须时时刻刻注意维护自身形象。

2. 不卑不亢

不卑不亢，是涉外礼仪的一项基本原则。每一个人在参与国际交往时，都必须意识到，自己在外国人的眼里，是代表着自己的国家，代表着自己的民族，代表着自己所在的单位。因此，自己的言行应当从容得体，堂堂正正。在外国人面前，既不应该表现得畏惧自卑，低三下四，也不应该表现得自大狂傲，放肆嚣张，这是事关国格、人格的大是大非的问题。在涉外交往中，还应注意对任何交往对象都要一视同仁，一律平等，给予同等的尊重与友好，不要对大国小国、强国弱国、富国穷国亲疏有别。

3. 信守时约

信守时约是国际礼仪的基本原则之一，交往中必须遵守时间，不能无故迟到，否则是极不礼貌的。在当代社会中，人们惜时如金，对每天的日程都作了详尽的安排，工作作风严谨，办事井井有条。不遵守时间，往往会打乱别人工作的秩序和安排，是现代人们所不能容忍的。因此，在交往中要讲信用、守时间。

泰国某机构为泰国一项庞大的建筑工程向美国公司招标。经过筛选，最后剩下2家候选公司。泰国派遣代表团到美国与各家公司商谈。代表团到达芝加哥时，当地的一家工程公司由于忙乱中出了差错，又没仔细复核飞机到达时间，未去机场迎接泰国客人。泰国代表尽管初来乍到不熟悉芝加哥，但还是自己找到了芝加哥商业中心的一家旅馆。他们打电话给那位急促不安的美国经理，在听了他们的道歉后，泰国代表团同意在第二天11时在经理办公室会面。第二天美国经理按时到达办公室等候，直到下午三四点钟才接到客人的电话说：“我们一直在旅馆等候，始终没有人前来接我们。我们对这样的接待实在不习惯。我们打算与另一家工程公司洽谈。再见吧！”

4. 入乡随俗

世界上各个国家和民族在长期的历史发展过程中，都形成了各自的文化、风俗和习惯，“入乡随俗”就是对对方特有的习俗要加强了解，予以尊重并遵从。只有如此，才能增进相互之间的理解，保证良好的沟通，并向对方表达亲善友好的情意。相反，对对方的习俗少见多怪、妄加非议，甚至以我为尊、厚此薄彼，对交往是十分有害的。另外，在交往中自己作为东道主时，讲究“主随客便”；而当自己作为客人时，又讲究“客随主便”，也是贯彻落实“入乡随俗”，尊重对方的具体体现。

日本人在《和气生财》一书中曾记述了这样一件事：日本的饭店和旅馆，有一个招待客人的惯例，即待客人办完住宿手续走进房间时，服务员立刻拿来热毛巾、茶和日本点心，以表示旅馆对客人服务的周到热情。这一项特殊的服务长期以来受到了日本顾客的赞赏，但却在美国人那里遭了白眼。一次，一对美国夫妇入室后也同样享受到了上述服务，他们对此很不喜欢，因此，对于他们来说，所上的茶水与点心并非是他们亲自点的，而且茶也不热，点心又“太甜了”，这对美国夫妇认为在他们进晚餐之前上不对口味的点心是“破坏了美味的晚餐”，“这样做好像是在损害自己的生意”。结果使得旅馆老板费力不讨好。

可见只有充分地了解外国礼仪礼节、风俗习惯，才能更好地与外国人交往和沟通。

5. 尊重隐私

所谓个人隐私，就是一个人出于个人尊严或者别的原因而不想为外人知道的一些个人秘密、私人事宜。在涉外交往中，对别人隐私的尊重与否在某种程度上体现了一个人有无教养、是否尊重和体谅交往对象。一般来说，在国际交往中，年龄、婚姻状况、收入支出、家庭住址、身体健康、信仰政见都应该被视为个人隐私。

6. 女士优先

“女士优先”的原则起源于欧洲中世纪的骑士之风，是传统的欧美礼节的基础，后来成为国际社会公认的重要礼仪原则。“女士优先”就是指在一切社交场合，每一个成年男子，都有义务尊重、照顾、关心和保护妇女，要想方设法地为妇女排忧解难。

在一个秋高气爽的日子里，迎宾员小贺，着一身剪裁得体的新制衣，第一次独立地走上了迎宾员的岗位。一辆白色高级轿车向饭店驶来，司机熟练而准确地将车停靠在饭店豪华大转门的雨棚下。小贺看到后排坐着两位男士、前排副驾驶座上坐着一位身材较高的外国女宾。小贺一步上前，以优雅姿态和职业性动作，先为后排客人打开车门，做好护顶关好车门后，小贺迅速走向前门，准备以同样的礼仪迎接那位女宾下车，但那位女宾满脸不悦，使小贺茫然不知所措。

除了以上6点之外，在国际社会中还强调“以右为尊”，国际社会的习惯做法是以右为大、为长、为尊，以左为小、为次、为偏。在各类国际交往中，大到外交活动、商务往来，小到私人交往、社交应酬，凡是需要确定和排列具体位置的主次顺序时，都要坚持“以右为尊”的原则。在并排站立、行走和就座的时候，为了对客人表示尊重和友好，主人应主动居左，而请客人居右。“以右为尊”的原则在国际社会上是普遍使用的，只要遵循这一原则，就能以不变应万变，轻而易举地处理好各种情况，不会发生失礼于人的问题。

需要注意的是，我国的传统做法是“以左为尊”，在国际交往中，我们应注意“内外有别”，按照国际惯例的要求，坚持“以右为尊”，以正确表达对客人的情谊。在国际交往中，还会遇到一些新的具体问题需要正确处理，例如，在无所谓对错的灰色领域，没有明文的规定，如何判断礼仪的正确与否呢？在这种情况下，判断礼仪是否正确的重要标准就是看其是否符合多数人的意向，要注意听取多数人的意见，以多数人满意为原则。另外，礼仪的规则应该适用于现实生活，服务于现实生活，即使有明文规定的，也不能一律生搬硬套，而应该根据实际情况灵活运用。这些都是国际礼仪在应用中的基本原则。

二、异国风情礼仪

1. 韩国

（1）韩国概况

韩国位于亚洲大陆东北朝鲜半岛的南半部，是单一民族国家，通用韩国语。首都首尔是其政治、经济和文化的中心。

（2）主要礼仪

①社交礼仪。在正式的交际场合，韩国人见面礼节为握手礼。而很多韩国人在见面的时候仍然采用传统的见面礼节——鞠躬。一般而言，男子见面相互鞠躬并握手，握手的时候用双手或用右手，并限于点一次头，然而，女士一般不握手。

在称呼别人的时候，一般采用敬语或尊称，不可直呼其名。

赴宴时应带小礼物，最好是包装好的食品。敬酒时，应把自己的酒杯举得低一点，用杯沿去碰对方的杯身，敬完酒还要鞠躬。赠送礼物时，应双手接礼物，并且一般不能当时打开。

②服饰礼仪。韩国人一般很看重自己在别人心中的形象，因此他们对于着装很在意。一般而言，在正式场合，男士要穿正式西装，但朴素整洁、庄重保守。在节庆的时候，韩国人一般穿本民族的传统服装：男子上身穿袄，下身穿宽大的长裆裤，有时外面还会套上一件坎肩或长袍。妇女则上穿短袄，下穿宽长的裙子。

③饮食礼仪。韩国人的食物一般以酸辣为主，主食为米饭和冷面，菜主要有泡菜、烤牛肉和烧狗肉等，但大多数都比较清淡，并且不吃鸭子、羊肉和肥猪肉。韩国男人的酒量一般都不错，多喜欢烧酒、清酒和啤酒，但妇女一般不饮酒。韩国人在吃饭时一般不边吃边谈，更不可高谈阔论。

（3）风情

韩国有四大传统节日：春节、元宵节、端午节和中秋节，与中国的节日相同。节日期间，还有一些风俗活动。如拔河、车战游戏、踩铜桥和跳园舞等。

韩国以木槿花为国花，以松树为国树，以喜鹊为国鸟，以老虎为国兽，对此都毕恭毕敬，不可妄加非议。

（4）禁忌

韩国人禁忌颇多。逢年过节相互见面的时候，不能说不吉利的话，不能生气、吵架。农历正月头三天，不能倒垃圾，不能扫地，也不能杀鸡宰猪。寒食忌生火。不能在别人家中剪指甲，吃饭时不能戴帽子，睡觉时不能枕书。

由于4和“死”同音，因此，与韩国人交谈，尽量不要用与4同音的字词。

由于韩国人用餐时席地而坐，若是在长辈面前一定要跪坐在自己的脚垫板上，不可双腿伸直或叉开。未经允许，绝对不能在长辈或上级面前抽烟。进别人房间或韩式饭店，一般应该脱鞋。不能在大街上吃东西，也不能在别人面前擦鼻涕。

2. 加拿大

（1）加拿大概况

加拿大位于美洲北部，其官方语言实行“双语制”，即英语和法语都为官方语言。

（2）主要礼仪

①社交礼仪。在与加拿大人交往的过程中，见面时，一般行握手礼。在熟人、亲友和情人之间有时候也采用亲吻和拥抱礼。首次见面一般要先做自我介绍，在口头介绍的同时递上名片。在作介绍时，一般遵循先少后长、先高后低、先宾后主的次序。作介绍时，双方都要站起来，友好地正视对方并面带笑容。

加拿大人在社交场合一般比较庄重，举止优雅。在交谈时，他们会和颜悦色地看着对方，显示出自信和礼貌。他们从来不在人前抠头发、清理指甲缝里的污垢，加拿大人常用耸肩、双手手指交叉置于桌上等姿势来缓和紧张气氛或掩饰窘态。有人遇到不幸或心情不好的时候，他们一般会采用这种姿势，这说明他们对这人的处境表示理解和同情。有时，加拿大人耸肩也表示无可奈何或无能为力的意思。

在交谈中，不宜询问对方的年龄、收入和私生活，这会引起他们的反感和不安。

②服饰礼仪。在加拿大，不同的场合有不同的装束。在日常生活中，主要以欧式服装为主。上班的时候男士穿西装、女士穿套裙。参加社交活动的时候，男士要穿深色的西方套装，女士穿庄重的衣裙，可稍事化妆，不宜太浓。在非正式场合，男士可穿不同颜色的上装和长裤，女士着整套衣裙或衫裙，服装颜色不宜太显眼，款式不能过于奇异。在参加婚礼时，男子或穿西装，或穿便装，穿便装时不打领带。女士不宜打扮得过分耀眼，更不宜穿白色或米色系列的服装。到朋友家做客、参加宴会，或参加葬礼，男子要穿整套西装，打素色或黑色领带，女士穿素色衣裙，款式要保守，不宜穿金戴银和过分化妆。

③饮食礼仪。加拿大人在饮食上与英、法两国比较接近。他们爱吃烤制品，偏爱法式食品，忌食虾酱、鱼露、腐乳以及怪味、腥味的食物和动物内脏。

赴宴时最好买一束鲜花送给主人，以表达自己的谢意。在餐桌上，男女主宾一般分别坐在男女主人的右边。饭前先用餐巾印一印嘴唇，以保持杯口干净。进餐时，左手拿叉，右手拿刀，刀用完后，放在盘子边上。吃东西时不要发出声音，不宜说话，不要当众用牙签剔牙，切忌把自己的餐具摆到他人的位置上。

（3）禁忌

在加拿大，白色的百合花主要用于悼念死者，因此绝地不能作为礼物送给加拿大人，在与加拿大人交谈的时候，对方说话时不应插嘴而打断对方的话。他们忌讳用手指指点点。

3. 法国

（1）法国概况

法国位于欧洲西部，是著名的“奶酪王国”和“葡萄王国”，其官方语言为法语。

（2）主要礼仪

①社交礼仪。法国人爱好社交、善于社交，并对社交活动非常重视。即使与不曾相识的人见面，他们也会一见如故，主动与人交谈。他们在交际中大多爽朗热情。受传统文化的影响，法国人不仅爱冒险，而且喜欢浪漫的经历。

在人际交往中，见面时的礼节主要有握手礼、拥抱礼和吻面礼。一般而言，使用最广泛的是吻面礼。在吻面的时候，为了表示友好，一般双方在彼此的双颊上交替互吻三四次，并且还要尽量发出声音。

②服饰礼仪。法国有时装王国之称，首都巴黎也被称为时装之都。对于服饰的讲究，

在世界上是非常出名的。在正式场合，法国人一般要穿西装、套裙或连衣裙，颜色多为蓝、黑或灰。出席庆典仪式时，一般要穿礼服，男士的礼服为配着蝴蝶结的燕尾服或黑色西服套装；女士的礼服一般为连衣裙式的大、小礼服，并且要配着面罩和薄纱手套，并且对于发型、手套、帽子、手袋、手表和眼镜等都很讲究。在社交场合，女士必须化妆，并且要佩戴首饰；男士要剃须修面，头发一丝不乱，身上还要洒少量香水。

③饮食礼仪。在西餐中，法国菜可以说是最讲究的。法国人爱吃面食，面包的种类很多；他们大都爱吃奶酪；在肉食方面，他们爱吃牛肉、猪肉、鸡肉、鱼子酱和鹅肝，不吃肥肉、宠物、肝脏之外的其他动物内脏、无鳞鱼和带刺骨的鱼。

法国人善饮酒，几乎每餐必饮，而且讲究在餐桌上以不同品种的酒水搭配不同的菜肴；除酒水外，法国人还爱喝生水和咖啡。

法国人用餐时，允许两只手放在餐桌上，但不允许将两肘支在桌子上。在放下刀叉时，他们习惯于将一半放在碟中一半放在桌上。

（3）风情

法国以玫瑰和马兰花为国花，公鸡为国鸟，珍珠为国石。

在交际中，法国人对礼物特别讲究，在初次见面时是不送对方礼物的，并且收到礼物一定要当着对方的面打开、赞赏并致谢。

（4）禁忌

法国人非常讨厌仙鹤、孔雀和大象。

4. 澳大利亚

（1）澳大利亚概况

澳大利亚联邦，简称澳大利亚，位于南半球，介于西南太平洋和印度洋之间。澳大利亚有“骑在羊背上的国家”“牧羊之国”“坐在矿车上的国家”“淘金圣地”等别称，其官方语言为英语。

（2）主要礼仪

①社交礼仪。澳大利亚的见面礼非常繁杂，既有拥抱礼、亲吻礼、握手礼，还有合十礼、鞠躬礼、拱手礼和点头礼。而土著居民则采用勾手礼，即相见的双方各自伸出手来，然后双方中指紧紧勾住，再轻轻往自己这方一拉，以示相亲相敬。

澳大利亚人时间观念很强，会见必须事先联系并准时赴约。但他们待人接物都很随便。如果应邀到澳大利亚人家里做客，最好给女主人带上一束鲜花。

②服饰礼仪。澳大利亚人在极为正式的场合才会穿西装，一般都穿T恤、短裤、牛仔或夹克服。

在达尔文市，当地居民的穿着很有特色，正式场合要穿衬衫、短裤和长袜。

澳大利亚的土著居民对于服装不太讲究，平时习惯赤身裸体，至多在腰间扎上一条围巾遮羞。但是他们喜欢佩戴首饰，如额箍、鼻针、臂环和项圈等，有时候还会在身上扎上涂满各种颜色的羽毛。

③饮食礼仪。澳大利亚人在饮食上习惯以吃英式西菜为主，其口味清淡，忌辣味菜肴，有的人还不吃酸味食品，他们的菜肴一般以烤、焖、烩的烹饪方法居多。他们在就餐时，大都喜爱将各种调味品放在餐桌上，任其自由选用，而且调味品要多。他们的主食为面包，

喜欢喝牛奶、咖啡、啤酒和矿泉水。澳大利亚人不吃狗肉、猫肉和蛇肉、不吃动物内脏、头和爪。

（3）风情

澳大利亚的国花是金合欢花，国树为桉树，国鸟为琴鸟，国石是蛋白石。

在人际交往中，澳大利亚喜欢邀请友人一同外出游玩，在一般情况下，被邀请人是不能拒绝的，否则会被认为是不给面子。

（4）禁忌

澳大利亚人不喜欢将本国与英国处处联系在一起；不喜欢“外国”和“外国人”这一称呼；对公共场合的噪声极其厌恶。

5. 其他国家的礼仪禁忌

在印度、缅甸、阿拉伯等国家，忌用左手传递东西。在一些佛教国家不可用手随便摸别人的头，哪怕是小孩的头也不能随便抚摸。

陪同东南亚的朋友参观清真寺时，一定要脱鞋入内。到泰国朋友家做客，不能踩门槛，他们认为门槛下住着神灵。

对于送花，德国、瑞士忌送红玫瑰；意大利、日本普通人之间忌送菊花（在日本菊花是皇室的专用花卉）；英国人忌送百合花。

对于图案，英国忌讳大象装潢，而泰国却视大象为吉祥物；瑞士忌讳猫头鹰图案；日本忌讳荷花作图案，而喜欢仙鹤，他们认为仙鹤是长寿的象征；另外，在日本倒贴邮票表示绝交；捷克人忌讳礼品包装上有红三角。

对于颜色，欧美一些国家忌讳黑色；巴西、埃及人忌讳黄色、紫色；比利时忌讳蓝色；非洲人及泰国人忌讳红色。

上述忌讳物往往被当地人认为是凶或不吉祥的象征。因此，在与这些国家交往时，一定要注意回避禁忌。

美国总统约翰逊20世纪60年代曾访问泰国，在受到泰国国王接见时，跷起了二郎腿，脚尖向着泰国国王，而这种姿势，在泰国是被视为具有侮辱性的。更糟糕的是在告别时，约翰逊竟然用了美国德克萨斯的礼节紧紧拥抱了泰国王后。在泰国，除国王外，任何人均不得触及王后。正因为不注意泰国的风俗礼仪，想当然地依照本国、本民族的风俗礼仪去我行我素，约翰逊在这次出访中留下了不少遗憾。

【知识拓展】

案　例

某年，印度的一家企业前往日本寻找合作伙伴。到了日本之后，通过多方的努力，这家企业终于寻觅到了自己的“意中人”——一家具有国际声望的日本大公司。经过长时间的讨价还价，双方商定，首先草签一个有关双边实行合作的协议。当时，在印方人士看来，基本上可以算是大功告成了。

到了正式草签印度与日本双方合作协议的那一天，由于种种原因，印方人员阴差阳错，抵达签字地点的时间比双方预先约定的正式约定晚了一刻钟。当他们气喘吁吁地跑进签字厅时，但见日方人员早已衣冠楚楚地排列成一行，正在恭候他们的到来。不过在印方人员跑进来之后，还没容他们作出任何有关自己迟到的解释，日方人员便整整齐齐、规规矩矩地向他们鞠了一个大躬，随后便集体退出了签字厅。也就是说，因为印方人员在签字仪式举行时所迟到的一刻钟，双方的合作竟然搁浅了。事过之后，日方为此所做的解释是："我们绝不会为自己寻找一个没有时间观念的合作伙伴。不遵守约会的人，永远都是不值得信赖的。"

案例分析：

（1）在国际交往中，信时守约是基本准则之一。信守时约是国际礼仪的基本原则之一，交往中必须遵守时间，不能无故迟到，否则是极不礼貌的，而且还会给人不专业、不值得信赖的印象。

（2）在国际交往中，还要注意维护自己的形象。上述案例中，日方人员在商务交往中极好地维持了自己的形象，衣冠楚楚，即使因为对方的迟到而感到愤怒，也并未因此而做出任何有损形象的举措。而印方人员到达时则气喘吁吁，形象全失。

（3）人际交往中要注意尊重他人。案例中日方人员在对印方表现不甚满意的情况下仍然集体给印方人员鞠躬，就是尊重他人的表现。

【学以致用】

（1）判断正误。

①在涉外交往中首先要坚持相互尊重的原则。（　　）

②西方人喜欢直率的谈吐，忌讳言不由衷的客套。（　　）

③上楼时，妇女在前，下楼时也应这样。（　　）

④与外国人初次见面交谈时，可以唠家常。（　　）

⑤与外国人打招呼可以说："您吃了吗？"（　　）

（2）在国际交往中，如何做到不卑不亢？

（3）女士优先有哪些具体要求？

（4）焦雪梅是一名白领丽人，她机敏漂亮，待人热情，工作出色，因而颇受重用。有一回，焦小姐所在的公司派她和几名同事一道，前往东南亚某国洽谈业务。可是，平时向来处事稳重、举止大方的焦小姐，在访问那个国家期间，竟然由于行为不慎而招惹了一场不大不小的麻烦。

事情的大致经过是这样的：焦小姐和她的同事一抵达目的地，就受到了东道主的热烈欢迎。在为他们举行的欢迎宴会上，主人亲自为每一位来自中国的嘉宾递上一杯当地特产的饮料，以示敬意。轮到主人向焦小姐递送饮料之时，一直是"左撇子"的焦小姐不假思索，自然而然地抬起自己的左手去接饮料。见此情景，主人脸色骤变，没有把那杯饮料递到焦小姐伸过去的左手里，而是非常不高兴地将它重重地放在餐桌上，随即理都不理焦小姐就扬长而去了，大家觉得非常的纳闷和不解。

焦小姐的“行为不慎”指的是什么？为什么会由此而招惹了一场不大不小的麻烦呢？

第二课 国外节庆礼仪

一个民族的节日就是一种文化的生日。

——冯骥才

【应知导航】

（1）圣诞节是哪个宗教的节日？

（2）情人节是只有情人才能过的节日吗？

（3）父亲节和母亲节分别是哪一天？你给你的父母过过父亲节和母亲节吗？

【知识探究】

节日已成为我们生活的一部分，节日使我们的生活变得绚丽多彩。在节日里，走亲访友，互赠礼品；在节日里，出外旅游；在节日里，联络感情，家庭团圆。生活因节日而更加有滋有味，有色有声。

因为节日，才有节庆礼仪，甚至礼仪已是节日的一部分。节庆礼仪以民族心理、道德伦理、精神气质、价值取向、审美情趣为底蕴，以特定时间、特定地域为时空布局，以礼仪活动为主题。

各种海外的节日很多，既有法定的节日，也有民间传统的节日，这些节日主要有圣诞节、情人节、愚人节、母亲节、父亲节、复活节、感恩节等。

一、圣诞节

圣诞节是纪念耶稣基督诞生的节日，它的节期延续很长，通常为 12 月 25 日至次年的 1 月 6 日，是西方主要国家的法定节日。由于圣诞节在西方的重要地位，许多国家的人们早在节日到来之前的一个月就开始筹办了，亲朋好友之间要互寄贺卡，卡上写有各种祝福的语句。

西方人以红、绿、白三色为圣诞色，每逢圣诞节来临，家家户户都要用圣诞色来装饰。红色的有圣诞花和圣诞蜡烛，绿色的为圣诞树，红色与白色相映成趣的是圣诞老人，他是圣诞节活动中最受欢迎的人物。

圣诞节时，每个家庭还要在餐厅的一角用一棵杉树或柏树等常青树搭成圣诞树，树枝上挂满五颜六色的灯及各种玩具和礼物，树的顶端往往还装饰有一颗象征欢乐和幸福的明亮的星。圣诞之夜，家家户户都要围在圣诞树周围吃圣诞晚宴。圣诞宴席开始前，人们打开放在圣诞树下的一包包礼物，互相祝贺；宴会后还要在圣诞树前做各种游戏，唱圣诞歌曲，欣赏宗教音乐。

二、情人节

每年的2月14日是情人节，它深受欧美各国青年喜爱，也是一个充满甜蜜感情的浪漫节日。

情人节又称为“圣瓦伦丁”节，据传说，公元3世纪时，古罗马有一位名叫瓦伦丁的虔诚的基督教徒，因带头反抗罗马统治者对基督教徒的迫害而被捕入狱。在狱中，他受到典狱长之女的精心照料，并且同她相爱。临刑前，他给自己的情人写了一封信，表明了自己光明磊落的心迹和对她的爱情。公元270年2月14日，瓦伦丁被古罗马统治者处死。此后，人们为了纪念这位壮烈而多情的殉教者，就把这一天定为情人节。

小贴士　情人节的其他两种传说

（1）鸟类寻找伴侣日说。这个节日之所以定在2月14日，是因为鸟类都在这一天聚首寻找伴侣。

（2）牧神节说。牧神节是古罗马人民纪念牧人和牲畜的保护神卢珀耳库斯的节日。为纪念牧神给人们带来的美好生活，人们总要在每年此日举行游戏和舞会。在一种有趣的游戏中，每个男青年都可以从“签筒”里抽出写有某个少女名字的签片，被抽中的姑娘就成为他的情人，这一天也就成了“情人节”。

现今的情人节，是西方国家青年人追求美好爱情的节日。在这一天青年人要向心中的情人寄送一封情人卡，在卡上尽情抒发自己的爱慕之情，不需署名。在情人节，沉浸在爱情之中的人们要互赠礼物——巧克力、精巧的小饰物和郁金香花束，前两种东西以做成心形的最受欢迎。这一天情侣们还喜欢参加舞会或进行郊游。

三、愚人节

每年4月1日的愚人节，是西方国家已有800年历史的民间传统节日，据记载，愚人节起源于法国，法国人将愚人节的受骗者称为“四月的鱼”，意思是他们像小鱼一样容易上钩。

到17世纪末，英国人也开始过愚人节，随后，它流传到了世界各地。

在愚人节期间，人们以相互愚弄和被欺骗来取乐。被愚弄和被欺骗者只许苦笑，不许发火。

小贴士　愚人节的起因

愚人节的起因，一说是古罗马谷物神色列斯的女儿普丽芬丝在天堂玩耍时，被冥王普路托掠走，还欺骗其父色列斯到天堂去寻找，使其白跑一趟，由此沿袭成“愚人节”，成为提醒人们谨防上当的节日活动。

另一说起源于法国，1564年，法国采用阴历1月1日为一年之始的新纪元法，却遭到国内保守派的反对，他们依然按照旧历4月1日为新年，互赠礼品。为了蒙蔽保守派，改革新历法的团体继续在这天请保守派参加招待会，赠送给他们礼品。后来人们把这些上当受骗的保守分子称为“4月傻瓜”，或“上钩的鱼”。从此，人们在4月1日便互相愚弄，成为法国流行的习俗，后来传到其他国家和地区。

愚人节轻松、幽默、快活的气氛，不仅深受欧美人的喜爱，也逐渐流行到了世界各地。

四、成年节

成年节是德国的传统节日，每年4月举行。14岁的少年在举行成人仪式后就算成人了。节日上午，少男少女穿戴一新，由家长陪同到当地的“文化之家”集会。政府负责人或社会名流致辞，讲解成人之后对社会应承担的义务和享有的权利，勉励他们遵守社会公德，报效国家。有关部门还组织他们会见各界人士，瞻仰名胜古迹，参加音乐会等。

五、母亲节和父亲节

母亲节和父亲节都是美国法定的节日，这两个节日意在告诫人们毋忘父母养育之恩。美国国会于1914年通过决议，将每年5月的第二个星期天确定为母亲节，以表示对母亲的崇敬和感谢。

在美国，母亲节这天，全家人团聚并且让母亲休息一天。当日，父亲要负责做家务和照料孩子，以便使妻子好好休息一天。孩子们则不准贪睡，一大早就要爬起来去为妈妈做上一顿早餐。正餐要全家一起外出去吃。

小贴士　母亲节的由来

母亲节是美国的安娜·贾维丝小姐在她母亲去世后于1906年首先提出的设想。在她的努力下，美国国会终于在1914年通过决议，将每年5月的第二个星期天确定为母亲节，全国放假一天，以示对所有母亲的崇敬与感激。

在母亲节，人们要向母亲赠送表达自己心意的礼品，其中鲜花是最受欢迎的。当天不能赶回家当面向母亲祝贺节日的，通常要打电话向母亲致意。

1910年美国原则上确定6月的第三个星期日为父亲节。然而父亲节真正成为全国性节日，要比母亲节晚60年，直到1972年，这一节日才得到法律的确认。

人们在父亲节要佩戴鲜花以表达对父亲的敬意。如果父亲健在，应当佩戴红玫瑰；如果父亲已经去世，则应佩戴白玫瑰。目前美国各州选定的向父亲表示敬意的鲜花不尽相同。

六、复活节

复活节也称为耶稣复活瞻礼或主复活节，它是基督教用以纪念耶稣复活的一个宗教节日。复活节的日期是每年3月21日或22日月圆后的第一个星期日。节期有的国家为四天，有的国家为三天。

复活节是仅次于圣诞节的基督教第二大节日，每逢此日，教会都要举行隆重的纪念礼拜。信徒们相见，第一句话就是："主复活了"。复活节期间，人们经常互赠复活节彩蛋，在古代，鸡蛋象征着生命，并被视为耶稣复活的坟墓。

复活节这一天晚上，西方国家每个家庭的成员都团聚在一起，举行晚宴。晚宴上的传统主菜是羊肉和熏火腿。用羊祭祀是基督教信徒千百年的传统，而猪象征着幸运。鸡蛋和兔子是复活节的吉祥物，因古代鸡蛋象征多子多孙，基督徒视之代表耶稣复活；有人把鸡蛋染成红色，借此象征生活幸福；也有人把寻找彩蛋作为庆祝节日的一项活动。兔子则被视为新生命的象征。

七、狂欢节

狂欢节通常盛行于欧美地区，每年2月中旬或下旬举行，为期三天。

世界上不少国家都有狂欢节。这个节日起源于欧洲的中世纪。古希腊和古罗马的木神节、酒神节都可以说是其前身。有些地区还把它称之为谢肉节和忏悔节。该节日曾与复活节有密切关系。复活节前有一个为期40天大斋期，即四旬斋。斋期里，人们禁止娱乐，禁止食肉，反省、忏悔以纪念复活节前三天遇难的耶稣，生活肃穆沉闷，于是在斋期开始的前三天里，人们会专门举行宴会、舞会、游行，纵情娱乐，故有"狂欢节"之说。如今已没有多少人坚守大斋期之类的清规戒律，但传统的狂欢活动却保留了下来，成为人们抒发对幸福和自由向往的重要节日。

八、十胜节

十胜节是印度人的节日。一般在公历10月或11月，长达10天之久，是印度人最喜欢的节日之一。该节是为庆祝罗摩战胜十首魔王罗波那而设的节日。罗摩是印度史诗《罗摩衍那》中的英雄。印度人相信，罗摩是大神毗湿奴的化身，可保国泰民安。节日期间，各地上演歌舞剧《罗摩衍那》。第十天，广场上搭起魔王罗波那及其儿子麦克那德和罗波那的一个兄弟的巨大模拟像，人像里面装满火药和鞭炮。在太阳落山的一刹那，扮演罗摩的演员手持带火的弓箭，向纸人射去。纸人体内顿时喷射出火焰，化为灰烬。人们欢呼雀跃，节日达到高潮。

九、敬老节

敬老节是日本的法定节日，又称"老人节"，每年9月15日举行。每到这一天，人们都要集会庆祝，到退休老人家中进行慰问，向老人赠送纪念品。

小贴士

敬老节的由来

相传古代日本有个地方不尊重老人，老人一过 60 岁，便被赶到山林里饿死，称为“天葬”。有一家农户，祖孙二人相依为命，孙子十几岁时，祖父就 60 岁了，孙子害怕祖父横遭不测，便将他藏于阁楼之中。这时有侵略者来犯，拿出两只海虾要国王分辨雌雄，分辨正确即可退兵，分辨错误便要踏平该国。朝廷上下都不知道如何分辨，而那个男孩却来到皇宫，为国王解决了难题，赶走了敌兵。国王得知是男孩的祖父教授男孩之后深受震撼，于是下令从此取消天葬陋俗，敬老节便由此产生。

十、感恩节

感恩节是北美独有的节日，每年 11 月第四个星期四是美国人的感恩节，加拿大则定在每年 10 月的第二个星期一。

在美国，感恩节是合家团聚的日子，其隆重程度类似于中国的春节。在这一天，美国总统和各州州长都要发表献词，一些大城市还举行花车游行，全国放假三天。美国人一年中最重视的一顿饭就是感恩节的晚餐，主要食物是火鸡和南瓜饼，此外还有红薯、玉米、布丁和芒果酱等。

小贴士

感恩节源于北美的普利茅斯。1620 年 9 月，102 名英国清教徒为了摆脱宗教和政治上的迫害，乘坐“五月花”号木船，经过 65 天的海上漂泊至普利茅斯。由于严寒、疾病和缺少衣食，第一个冬天过后便有半数以上的人被夺走生命。淳朴的印第安人同情他们，给他们食物，并教会他们狩猎、种玉米、捕鱼、盖房等技法。

移民们经过辛勤劳动，终于在第二年获得了可喜的丰收，闯过了生活的难关。为了感谢上帝赐予的收获和增进同印第安人的友谊，他们用火鸡、玉米等劳动成果制成佳肴，自制啤酒，大摆筵席。当时印第安人也带着鹿和火鸡应邀前来，一连欢庆了三天：他们白天设宴，举行体育活动，夜晚载歌载舞。1863 年，美国总统林肯在白宫宣布 11 月的最后一个星期四为感恩节，号召美国人民不分东西南北，共同为美国的繁荣作出贡献。

【知识拓展】

案　例

小谭是上海某中职学校电子商务专业学生，毕业后在单位表现突出，是分公司经理的候选人之一。3 月 31 日下午，小谭正准备去接待一个重要客户，突然接到爱人的同事小汪的电话，电话中，小汪焦急地告诉小谭："你爱人刚刚过马路的时候被车撞了，被送到人民医院，情况危急，你赶紧赶过来。"小谭闻讯，立即丢下工作赶紧赶到医院，却发现根本没这回事。等他再打电话给小汪，小汪告诉他，这是愚人节跟他开的玩笑。而小谭因为没有及时去见客户，丢了这笔重要的单子而受到老板的严厉批评。

案例分析：

（1）在愚人节期间，人们以相互愚弄和被欺骗来取乐，但是这并不代表可以毫无顾忌地开玩笑。愚人节也要讲究"愚人有度"。小汪的玩笑开得过大，而且对小谭造成了巨大的损失和困扰。

（2）愚人节是有严格的时间规定的。在 3 月 31 日的后半夜到次日的中午这段时间里才能尽情取笑别人，而小汪对小谭开玩笑的时间显然不在这个时间范畴。

（3）小谭在这次事件中的表现虽然可以理解，但是也不符合礼仪规范。在工作中因为急事不能完成工作任务时，要及时与上司沟通，共同寻求解决方法，而不能轻率行事。

学以致用

（1）圣诞老人为什么会成为圣诞节最受欢迎的人物？

（2）请说出你所知道的情人节的传说。

（3）感恩节的起源是什么？

参考文献

[1] 柳建营等. 大学礼仪教程 [M]. 北京：学苑出版社，2005.

[2] 侯印浩. 大学生社交礼仪 [M]. 济南：山东大学出版社，2001.

[3] 刘毅政. 实用礼仪大全 [M]. 呼和浩特：内蒙古人民出版社，2001.

[4] 李帛. 礼仪教程 [M]. 北京：中国财政经济出版社，2001.

[5] 黄庆杰，吴琼. 成功者礼仪全书 [M]. 北京：中国华侨出版社，2002.

[6] 胡静. 实用礼仪教程 [M]. 武汉：武汉大学出版社，2003.

[7] 赵永生. 大学生礼仪 [M]. 北京：冶金工业出版社，2008.

[8] 梁兆民. 现代实用礼仪教程 [M]. 西安：西北工业大学出版社，2010.

[9] 韩富军. 现代礼仪 [M]. 沈阳：东北大学出版社，2005.

[10] 王平辉. 社会礼仪规范与技巧 [M]. 南宁：广西人民出版社，2008.